Por onde o amor me leva

Por onde o amor me leva

DALCIDES
BISCALQUIN

SEXTANTE

edição: Anderson Cavalcante

preparo de originais: Alice Dias

revisão: Ana Lúcia Machado e Caroline Mori

capa: Raul Fernandes

foto de capa: Produtora CODIMUC / © Rodolfo Magalhães

projeto gráfico e diagramação: Valéria Teixeira

impressão e acabamento: Yangraf Gráfica e Editora Ltda.

CIP-BRASIL. CATALOGAÇÃO-NA-FONTE
SINDICATO NACIONAL DOS EDITORES DE LIVROS, RJ

B576o Biscalquin, Dalcides, 1967-
Por onde o amor me leva / Dalcides Biscalquin;
Rio de Janeiro: Sextante, 2012.
160 p.; 14x21 cm

ISBN 978-85-7542-868-9

1. Amor. I. Título.

CDD 152.41
12-7242 CDU 159.942

Todos os direitos reservados, no Brasil, por
GMT Editores Ltda.
Rua Voluntários da Pátria, 45 – Gr. 1.404 – Botafogo
22270-000 – Rio de Janeiro – RJ
Tel.: (21) 2538-4100 – Fax: (21) 2286-9244
E-mail: atendimento@esextante.com.br
www.sextante.com.br

Para o meu pai (*in memoriam*),

que, num leito de hospital,

ouvia a leitura destas páginas

e, com o seu sorriso terno,

me abençoava.

Sumário

Prefácio

Se pudesse, Dalcides mudaria o mundo. Não conheço pessoa mais disposta a fazer o certo e a ensinar o que é melhor, do jeito correto. Mas ele faz isso de uma maneira naturalmente altruísta: respeitando cada um, sem alarde, sem briga, escolhendo as palavras que mais se aplicam a cada caso.

Dalcides tem o olhar de quem viu muita coisa e a paciência de quem ouviu milhares de histórias. Tanto em suas palestras pelo país quanto em seus livros, ele usa o verbo com serenidade para espalhar o amor. Ferramentas para isso ele tem: é mestre em Comunicação pela Universidade Pontifícia Salesiana de Roma (Itália) e pela Universidade Federal do Rio de Janeiro (UFRJ), licenciado em Filosofia pela Faculdade Salesiana de Filosofia, Ciências e Letras de Lorena, em São Paulo, e bacharel em Teologia pelo Instituto Teológico Pio XI também de São Paulo.

A experiência acadêmica vivida por Dalcides lhe deu a certeza de que seu trabalho nesta vida é ajudar o próximo a compreender o que ele compreende: o poder do amor.

Quem leu seu primeiro livro, *A vida é feita de escolhas*, conheceu um pouco desse trabalho. A princípio, pensei que este novo livro seria a continuação do primeiro. Não é. Logo nas páginas iniciais de *Por onde o amor me leva* já se percebe a diferença. São textos mais concisos, às vezes com citações de autores que ilustram a ideia e com referências mais pessoais.

Ao sair de casa ainda menino, viver e estudar longe da família por muitos anos, em contato com tantas pessoas nos lugares em que viveu, Dalcides pôde experimentar sensações e sentimentos que o levaram a pensar sobre as questões essenciais da vida.

"Qual é o sentido da minha existência? Por que estou passando por isso? Como ser uma pessoa melhor? Como superar o medo do desconhecido e da solidão, dos sentimentos negativos que tomam conta do meu espírito?"

Para os questionamentos, ele descobriu muitas respostas. No confronto com a dor e o sofrimento do outro, conheceu o poder transformador do amor, a força libertadora do perdão e, consequentemente, entendeu o que é fundamental para percorrer o caminho da felicidade.

E são essas respostas que levarão o leitor, por analogia, a refletir sobre a sua própria existência.

O livro é para todos: jovens, adultos, profissionais, atletas, políticos. Todo mundo pode se inspirar com suas palavras.

Por onde o amor me leva traz as experiências mais significativas do autor e de alguns de seus conhecidos. Afinal, todos podemos aprender com as histórias que ouvimos, desde que estejamos abertos para a lição

De forma madura e serena, ele apresenta novas perspectivas para questões que inquietam a todos. Somos únicos, mas não diferentes. Somos especiais, mas temos imunidade.

Nestas páginas está um pouco da essência do autor. O leitor irá conhecer alguns dos textos que o inspiram e as poesias que iluminam seu rosto. Cora Coralina, Mário Quintana e Fernando Pessoa são citados com o mesmo efeito de Aristóteles, Sócrates,

Platão, Voltaire, entre outros. A vida e os ensinamentos dos santos também estão presentes em suas reflexões.

Dalcides não tem preconceitos. Seu texto vai das lições que aprendeu quando criança ao duro aprendizado da vida adulta, sempre com a coragem de se olhar de frente no espelho da alma. Sempre na busca da verdade e do amor, para conquistar a "paz serena na alma" e o "leve sorriso no olhar", como ele diz em um dos capítulos.

Boa leitura!
Mariana Godoy

Apresentação

A palavra está sempre grávida de possibilidades. Ela tem o poder de mudar vidas, de despertar corações adormecidos, de devolver a paz aos aflitos, de resgatar as lembranças ternas de uma infância esquecida.

Pela palavra a imaginação encontra a sua melhor intérprete e a história se perpetua conhecida e interpretada. Nela o divino se faz humano. Implacavelmente, porém, a palavra também traz o avesso. Com ela relacionamentos se mostram insustentáveis. Dela se originam os grandes conflitos da humanidade. E no seu rastro seguem mágoas e ressentimentos nos muitos corações feridos.

Assim, a palavra se revela o útero das mais nobres expressões humanas e, ao mesmo tempo, das mais perversas intenções.

Do fascínio pela potencialidade da palavra, nasce o livro *Por onde o amor me leva*. Sem nem mesmo saber onde pousaria com essa ideia, acreditava que minhas palavras seguiriam nas asas do amor e da liberdade. Elas seriam como bálsamo que acalma e luz que ilumina as noites escuras.

O sonho de tocar o coração humano me levou a escrever cada uma destas páginas. E eu me lembro como se fosse hoje da manhã em que essa fascinante aventura começou. Eu estava participando de um programa de rádio e uma ouvinte enviou uma mensagem que foi lida no ar pelo meu amigo radialista Paulo Lopes. Ela fazia uma referência ao meu livro *A vida é feita de escolhas*, que na ocasião acabara de ser lançado. Ela dizia:

> "Com grande prazer li o livro do Dalcides. Comecei a ver as coisas e a sentir as situações com mais clareza. Sabe, todos os dias eu pego o metrô para ir ao trabalho e o livro era minha companhia. Até que numa dessas manhãs eu terminei de ler. Então, deixei no banco do metrô para que pudesse servir de ajuda para alguém, assim como serviu para mim. Cortei a pontinha da capa e deixei um recado: 'Que este livro te ajude, assim como me ajudou.' Acreditem: naquela semana peguei o metrô e, para a minha surpresa, um rapaz estava lendo. Identifiquei o livro por causa da capa rasgada. O rapaz desceu antes de mim, escreveu algo no livro e o deixou no banco. Duas estações depois, entrou uma moça, sentou-se e pegou o livro para ler. Pensei comigo: 'Deu certo!' As pessoas estão fazendo o mesmo que eu fiz. Um beijo para vocês. Eu só queria contar como esse livro mudou a minha vida."

Boa leitura, amigos!
Com carinho,
Dalcides Biscalquin

1. Quem somos nós?

Acho até cômica a atitude dos arrogantes que perguntam: "Você sabe com quem está falando?" Quem somos nós, seres humanos, para enchermos o coração de soberba e nos acharmos melhores que os outros? O que terá o poder de fazer com que nos enganemos a ponto de tomarmos atitudes ridículas como essa?

A resposta me parece simples: a ilusão. Ao longo do tempo acabamos por perder a noção da realidade e passamos a acreditar que somos mais do que realmente somos. A Bíblia traz esta definição a respeito dos seres humanos: "Tu és pó, e ao pó voltarás" (Gênesis 3:19).

Só compreendi isso com profundidade na tarde do domingo em que enterramos meu pai. Quando o caixão foi definitivamente fechado, em uma das ocasiões mais tristes da minha vida, notei que o túmulo já estava aberto e que havia ao lado dois sacos pretos, que tinham sido retirados de lá de dentro naquele instante. Perguntei a quem estava ao meu lado qual era o significado daquilo. A resposta foi: "São os restos mortais da vovó e do titio."

A realidade óbvia soava aos meus ouvidos como uma descoberta cruel: tudo o que vive vai terminar assim, exatamente assim.

Como em uma cena final já escrita, ali estava eu tentando digerir essas informações e reencontrar forças para tornar o filme da vida o mais compreensível possível, embora seu final fosse mesmo implacável e imutável.

Confesso que no silêncio daquele momento, rompido apenas pelo choro discreto dos nossos entes queridos, pela primeira vez me questionei com serenidade: "Quem sou eu?" E não havia nenhuma resposta, somente a sensação de profunda paz, gerada pela certeza do que estava diante dos meus olhos: toda matéria é nada. Por mais inadequado que pudesse parecer, esbocei um sorriso pela descoberta de que a partir daquele instante a vida seria mais leve e descomplicada. Afinal, tudo passa.

Que sentido teria fazer qualquer esforço para provar aos outros o quanto sou insubstituível, quando o final do filme já está decidido? Tudo será reduzido a pó. Ter essa consciência não me trouxe nenhum complexo de inferioridade nem traumas relacionados com a minha pequenez. Apenas ofereceu a paz dos que aceitam a sua condição. Mesmo assim, amo a minha fragilidade.

2. As pressas da vida

Não sei ao certo se na minha infância as horas passavam depressa ou se os dias eram lentos. A verdade é que eu não tinha noção do tempo e das suas ilusórias modalidades. Viver era a ausência de mistérios. Brincávamos com os amigos da rua, íamos à escola, que ficava perto de casa, assistíamos aos programas de televisão de uma das quatro emissoras existentes. E eu não me lembro de ter dito nem uma vez sequer que não havia nada de bom passando na TV. A vida era simples e desprovida de pretensões. Viver era a arte de simplesmente estar lá, como estavam as plantas, as flores e os pássaros.

Em que momento a vida me fez perder a leveza e a ingenuidade? Em que final de tarde deixei que as inquietações me roubassem o sono restaurador das noites?

E aqui cheguei, contando os segundos para a próxima atividade. Desesperado para não perder tempo, transformando o relógio em juiz das horas.

Ingressar no mundo adulto trouxe grandes vantagens, mas custou a privação de um modo leve de ser e estar no mundo. Por que essa ansiedade me consome? Por que essa superficialidade dos relacionamentos apressados?

Às vezes é preciso parar um pouco e nos lembrarmos de que ainda fazemos parte da vida, ou melhor, de que a vida ainda faz parte da nossa existência. Quando tudo passa a ser feito de forma automática e veloz, deixamos de apreciar as experiências. Todas as coisas e circunstâncias se relativizam em uma sucessão de acontecimentos desconexos. E a vida sempre acaba por nos cobrar as consequentes escolhas superficiais das nossas urgências.

Se a vida já foi para mim um simples estar lá, hoje eu corro o risco de, na correria do dia a dia, estar ausente não apenas de um lugar, mas também de mim mesmo. Então, que a calma, enfim, me acorde a alma.

3. Toda perda traz ganhos

Toda perda traz algum tipo de ganho. Por mais que pareçam realidades opostas, toda privação comporta em si a semente de uma bênção. Quantas demissões acabaram por impulsionar alguém na busca de um emprego mais prazeroso, mais em sintonia com suas habilidades? Aquilo que a princípio se mostrou uma perda, em um segundo momento se revelou um caminho para uma vida nova, um resgate da esperança, gerando um dinamismo que, muitas vezes, a própria pessoa não acreditava que corresse mais em suas veias.

Portanto, alguns ganhos só são possíveis quando somos lançados involuntariamente na direção do desconhecido, pois, se dependesse da nossa decisão, talvez jamais se concretizassem. Nossa tendência é resistir quando precisamos deixar a zona de conforto. O medo nos paralisa e é difícil romper com o ciclo da aparente segurança. Permanecemos no emprego, embora infelizes, porque nos sentimos incapazes de mudar. Até que a vida nos força à mudança e somos obrigados a ultrapassar os limites estabelecidos pelos nossos medos.

Quantas doenças, em um primeiro momento, foram encaradas como uma desgraça por todos os membros da família e, com o passar do tempo, se mostraram benéficas?

Às vezes, uma enfermidade se torna motivo de reconciliação

e solidariedade entre pessoas que nem mesmo se falavam. Por mais estranho que pareça, a provação acaba sendo um remédio para a alma do doente e daqueles que o cercam. Alguém lembrou certa vez: "A doença nos faz mais humildes, pois sempre acaba revelando a nossa condição humana de fragilidade."

Quantas vezes um casal de namorados vê um no outro a única forma possível de felicidade e, de repente, acontece o rompimento? Aquela pessoa que parecia ter as chaves da felicidade vai embora. O romance dos sonhos se desfaz com o dia e é implacável como a chegada da noite. De uma hora para outra, quem foi abandonado tem de encontrar forças para recomeçar. Pude acompanhar vários casos em que o fim de um namoro mostrou, alguns meses depois, ter sido o melhor caminho para ambos. Visto de certa distância, tudo assumiu a clareza que a paixão não permitia.

Aparentes derrotas trazem sempre alguma semente de vitória. Perder, muitas vezes, é ganhar.

4. Em busca de sentido

Numa tarde de inverno, quando o Sol parecia não ter forças para aquecer a Terra e tudo era gélido, eu estava olhando para o horizonte de um quarto de hotel. Longe de casa e com saudade dos amigos e parentes queridos, lembro-me de que me sentia sozinho e de que um grande vazio tomava conta do meu peito.

Foi a primeira vez que fiz a pergunta: por que a solidão chega a doer? Parece sufocar a garganta e a tristeza se faz a única companheira. O que é esse vazio? O que é essa falta de sentido e de gosto pela vida? O que é essa tristeza que parece me corroer por dentro?

Cheguei à conclusão de que estava deprimido. E a depressão, como a própria palavra anuncia, é a sensação de um mergulho num abismo profundo.

Às vezes sua causa é física e o uso de determinados medicamentos se torna a única porta de retorno à normalidade. Em outros casos, a depressão comporta fatores psicológicos, e então se faz essencial o acompanhamento sistemático de um terapeuta.

No entanto, há outras situações que podem levar à depressão e que têm raízes nas crises existenciais, por exemplo. Esse é o terreno da filosofia. A palavra filosofia significa "amor da sabedoria". Nesses casos, a depressão deve ser superada com o auxílio da reflexão, do aprofundamento, da busca da sabedoria.

A principal pergunta filosófica é: qual o sentido da vida? Ou melhor: o que dá sentido à vida?

Eu não tenho a pretensão de encontrar as respostas perfeitas. Limito-me a dizer que prefiro viver em atitude de busca, fazendo perguntas, questionando-me, a viver me iludindo com certezas vazias. Nem mesmo quando morrermos teremos resolvido todas as questões da existência humana. Mas quero que a morte me encontre cercado de motivos, de razões que alimentaram minha alma ao longo dos meus dias.

5. Por que o milagre não aconteceu?

De alguma forma, você e eu já testemunhamos, em determinado momento, algo inexplicável pela lógica humana. Pode ter sido um acontecimento em nossa vida ou na de uma pessoa próxima a nós.

Lembro-me de uma mãe que, chorando com o filho nos braços, me falava das maravilhas de Deus. Ela dizia com humildade: "Deus curou meu filho, moço. Deus curou."

Recordo-me daquela jovem que me contava sorridente sobre a reação de espanto dos médicos diante da melhora repentina no resultado de seus exames. E ela me dizia: "Foi a nossa oração. Deus ouviu."

Milagres acontecem. Independentemente da minha tentativa falida de dar-lhes uma explicação convincente. Milagres acontecem.

No entanto, resta-me uma dúvida entre tantas outras que tenho: por que o milagre não aconteceu em todos os lugares onde havia muita fé? Por que não aconteceu naquele lar em que a mãe também clamou a Deus com os joelhos no chão? Por que o milagre não aconteceu quando ela suplicou a Deus que não levasse seu filho amado? Por que não aconteceu da forma como aquela pessoa de fé tantas vezes pediu, implorou?

Nenhum ser humano nesta Terra, em qualquer momento da

história, teve uma resposta precisa a essa questão. Esse é apenas mais um dos mistérios que envolvem a nossa existência. Ninguém até hoje conseguiu dar uma explicação convincente para essa realidade.

Mas o que sabemos nós sobre o depois, o pós-morte? Tudo o que conhecemos só tem sentido na perspectiva da fé. E ter fé exige ultrapassar toda a lógica humana.

O que sabemos nós sobre as nossas raízes, as nossas origens? Temos muitas teorias a respeito do início de tudo, mas nenhuma certeza que nos garanta uma verdade histórica.

O que sabemos nós sobre a vida, quando a definição que mais nos deixa confortáveis é: "A vida é dom de Deus." Ou ainda: "A vida é um mistério?"

Sejamos humildes e verdadeiros. Sabemos tão pouco sobre tudo e sobre nós mesmos! Por que com relação aos milagres seria diferente?

Talvez um dia, na presença de Deus, nossos olhos se abram. Então entenderemos o que hoje, com a razão humana, não nos é permitido conhecer. Não sei se o milagre vai acontecer. Mas, diante de tanta escuridão, acendo uma simples vela da fé para iluminar um único passo. Apenas um passo, na esperança de alcançar a luz.

6. O amor confia

Gosto de ver a confiança e o sorriso das crianças ao se jogarem, com total entrega, nos braços dos pais. Não questionam, não duvidam. Apenas confiam. O pai, seguro do próprio papel, torna-se o suporte capaz de sustentar o impacto causado pelo salto do filho. Não há surpresas nesse processo.

Os pais sabem que podem sustentar o peso e os filhos sabem que tudo terminará bem. As crianças deixam o medo de lado e se lançam nos braços de quem lhes demonstra afeto, carinho e amor.

Toda relação de amor é baseada na confiança. E toda relação de amor é, também, fundamentada na entrega. Amor, confiança e entrega, esse é o ciclo que conduz à plenitude. Mas, se Deus é o amor supremo, por que tememos diante dos desafios da vida?

Muitas vezes, o conhecimento do amor de Deus se dá de forma teórica. E falar do amor de Deus só tem sentido se nos lançarmos nos seus braços como os filhos se lançam nos braços dos pais. Amar a Deus significa entregar-se a Ele, sem estabelecer limites à sua ação, mas deixando-se conduzir com confiança, certo de que Ele tudo sabe e tudo pode.

Onde está o grande problema da nossa relação com Deus? Está no fato de não entendermos que Deus é amor, de não nos deixarmos sustentar por seus braços com a mesma segurança da criança que confia no amor de seu pai por ela.

Complicamos tudo em um relacionamento que poderia ser pleno e feliz. Quantas vezes imaginamos Deus como um ser severo que olha mais para os nossos erros que para os nossos acertos? Vemos Deus em um trono hierarquicamente definido e acabamos por transferir nossos modelos de relacionamentos sociais doentios e mesquinhos, nos quais o poder, a vingança e o castigo são bases sólidas e imutáveis.

Deus é amor. Deus perdoa. Deus confia sempre. Deus não é rancoroso nem vingativo. Deus só quer nos amar e propõe uma relação de confiança e de entrega.

Voltemos aos tempos de criança e nos lancemos nos braços do Pai. Veremos que muitos dos nossos cansaços, das nossas angústias e dos nossos medos se dissiparão no abraço terno de Deus-Pai.

7. O tempo das descobertas

Certa vez um amigo bastante jovem e prestes a ser pai do segundo filho me perguntou: "Será que haverá lugar no meu coração para esse filho que vai chegar? Meu primeiro filho já ocupa todo o meu peito." Fiquei em silêncio e respeitei o momento e a dúvida que ele tinha. Não quis dar nenhuma resposta pronta, então deixei que sua experiência lhe trouxesse todas as explicações.

Depois de alguns meses, quando ele, enfim, se tornara papai novamente, fui visitá-lo. Ao chegar à sua casa, eu o vi entre almofadas, berço e brinquedos. Eu nem me lembrava mais daquele questionamento dele e fui surpreendido por sua frase espontânea, como se continuasse uma conversa não concluída no tempo. Ele me disse: "Quando olhei para meu filho na sala de parto, instantaneamente meu coração se abriu. Eu nem imaginava que houvesse tanto espaço no meu peito."

Suas palavras pareciam uma tentativa de se retratar, como se houvesse alguma culpa nas suas antigas indagações. Esbocei um sorriso, tentando demonstrar que eu sempre soube que as coisas se resolveriam dessa forma. E que, mesmo sem dizer nenhuma palavra, eu tinha certeza de que, no momento certo, sua experiência de vida lhe traria todas as respostas.

Afinal, o amor não é excludente. O amor não ocupa espaço.

O amor de um pai ou de uma mãe não conhece fronteiras nem limites. Simplesmente se abre, se revela, e sempre mais, sem danos nem tampouco prejuízos a quem já habita seu coração.

Por mais óbvias que pareçam, certas coisas precisam de um tempo para ser assimiladas. Tenho aprendido que nem sempre o melhor é apressar as descobertas do outro. Se estivermos seguros de que a vida trará as respostas de forma natural, harmônica e leve, não precisamos gastar palavras ansiosas, como o fazem aqueles que se acham os únicos responsáveis pela verdade.

Cada um traz as próprias inquietações e dúvidas. Cada um tem seu tempo para as descobertas. Deixemos o rio seguir seu curso. Naturalmente, ele chegará ao mar.

8. Tão perto de nós

Por que em geral vamos buscar tão longe algo que muitas vezes esteve sempre ao nosso lado? Nós e nossas buscas! Nós e nossas constantes inquietações! Lembro-me com riqueza de detalhes de quando alguém me contou que, depois de uma busca incessante por um amor verdadeiro, descobriu que a vida lhe havia presenteado com alguém que esteve sempre por perto – e acabou se casando com um amigo de infância.

Procuramos longe aquilo que está tão perto, e nem sequer enxergamos as diversas dimensões da vida. Quando falo sobre esse tema, sempre me vem à mente a figura de Santo Agostinho, que nasceu na África, em 354 d.C., e durante muitos anos se mostrou rebelde à religião, à espiritualidade, aos valores de uma vida considerada nobre e digna. Ele havia provado todos os prazeres do mundo.

Certa vez, tomado por um grande vazio, uma verdadeira angústia, Santo Agostinho fez silêncio interior. E nesse mergulho descobriu as respostas às suas inquietações. Elas estavam dentro dele próprio, por mais que ele tivesse tentado em vão encontrá-las longe de si.

No silêncio, ele ouviu a voz de Deus, que lhe dizia: “Toma a palavra em mãos e lê!” Ele abriu o livro sagrado – a Bíblia –, e encontrou a frase do apóstolo Paulo: “Comportemo-nos honestamente como em pleno dia. Sem desonestidade. Sem brigas. Sem invejas" (Romanos 13:13). Ao ler essas palavras, Santo Agostinho exclamou: "Uma luz penetrou-me no coração", e ele acabou por mudar de vida. Ele é também o autor desta que é uma das mais lindas orações a Deus:

> "Tarde te amei, ó beleza tão antiga e tão nova, tarde te amei!
> Eis que habitavas dentro de mim, e eu lá fora a procurar-te.
> Estavas comigo, e eu não estava contigo!
> Chamaste-me com uma voz tão forte que rompeste a minha surdez.
> Brilhaste, cintilaste e logo afugentaste a minha cegueira.
> Exalaste perfume: respirei-o suspirando por ti.
> Eu te saboreei, e agora tenho fome e sede de ti.
> Tu me tocaste e eu ardi de desejo da tua paz."

9. A incerteza que fascina

Viver não é algo exato. Viver é correr riscos, é render-se às possibilidades. É banhar-se nas águas turvas das fragilidades humanas. Fernando Pessoa, o poeta que me inspira, estava certo nas suas indagações: "Tens, como Hamlet, o pavor do desconhecido? Mas o que é conhecido? O que é que tu conheces para que chames de desconhecido qualquer coisa em especial?"

Essa incerteza da vida também a torna fascinante. Não sei ao certo como será o amanhã. Na verdade, não sei nem mesmo o que acabará por acontecer hoje. Tudo o que sei é que tenho apenas o instante presente. E nesse momento se resume toda a minha existência.

A vida não é uma proposição matemática. Ela nos surpreende, nos inquieta e nos enche de ansiedades o tempo todo. E eu já desisti, faz muito, de ter o controle de tudo. Hoje, quando minha sensação de segurança, de estabilidade e de domínio do inesperado é menor, eu me vejo mais realista, com menos certezas.

Agora eu me entrego nas mãos de Deus como alguém que diz com simplicidade e verdade: "Aqui estou, Senhor, para fazer a Tua vontade." Afinal, foi Jesus quem ensinou: "Não vos preocupeis com o dia de amanhã. O dia de amanhã se preocupará consigo mesmo. A cada dia basta o seu mal."

Agora, quando rezo a oração do pai-nosso, eu me lembro do que alguém um dia me ensinou: "O pão nosso de cada dia nos dai hoje." Note que eu não peço algo que deseje armazenar ou acumular: "... cada dia nos dai hoje."

Essa oração linda e profunda termina dizendo: "Seja feita a Vossa vontade, assim na terra como no céu." Que seja feita a Vossa vontade. Amém.

10. Tudo teria mesmo tanta importância?

Numa tarde fria de outono, sentei-me próximo à lagoa e, com saudades da minha infância, comecei a atirar pedras na água. No começo, arremessei-as ao longe. Depois as joguei mais perto, em silenciosa observação.

Passados alguns minutos, lá estava eu esboçando um sorriso e meditando sobre a vida. As pedras lançadas na lagoa desciam ao fundo e, após o agito das águas, tudo voltava à calma inerente ao lago.

Parecia um ciclo previsível mas instigante: lançar a pedra, assistir às ondulações causadas por seu mergulho, esperar o descanso natural e lógico após o impacto. "Os acontecimentos da nossa vida ocorrem de forma semelhante", pensei.

O inesperado quase sempre é como a pedra lançada na lagoa da vida. Depois de um período de agitação, tudo tende a acalmar-se novamente. Assim é a nossa vida. Assim são os acontecimentos da nossa existência.

Você se lembra de quando dizia, com lágrimas nos olhos, que não suportaria aquela dor, aquela perda, aquela ofensa, aquela ausência? Porém tudo passou.

Você superou tantos impactos trazidos pela vida, que hoje

nem sabe ao certo o número de vezes que teve de recomeçar. Mesmo tendo gritado com todas as forças que não conseguiria superar mais um obstáculo ao longo do caminho, você conseguiu, depois de tantos choques e ondas revoltas.

E o lago, calmo, talvez saiba que cedo ou tarde chegarão novas surpresas na vida. Se formos mais longe nessa reflexão, poderemos entender que a nossa existência é também semelhante à pedra atirada. Quer ver?

Quando foi a última vez que você ou os seus entes queridos se lembraram dos antepassados numa conversa em família? Quantas vezes vocês mencionaram as dificuldades, os sofrimentos que eles enfrentaram? Eles, assim como os problemas que os atormentaram, descansam no fundo do grande e eterno lago da existência.

Então, não se preocupe tanto, pois aquilo que hoje parece insuportável estará seguindo o rumo do esquecimento ou, no máximo, das lembranças de um passado longínquo. Todos seguiremos para o eterno descanso.

Mario Quintana estava certo ao dizer: "No dia em que estiveres muito cheio de incomodações imagina que morreste anteontem. Confessa: tudo teria mesmo tanta importância?"

11. Nos caminhos da vida

Certa vez alguém me presenteou com um verso de Cora Coralina, a poetisa do cotidiano: "O que vale na vida não é o ponto de partida, e sim a caminhada. Caminhando e semeando, no fim terás o que colher." Naquela época, eu não tinha noção da sabedoria contida nessas palavras.

Mas o que semeamos ao longo do caminho de nada vale se não houver disposição para caminhar. As condições climáticas podem ser perfeitas. O caminho pode ser exato. Mas se não houver um caminhante determinado, não serve de nada.

E as coisas que já chegam prontas, então, como são insossas! Veja, por exemplo, a quantidade de histórias que confirmam que "tudo o que vem fácil, vai embora facilmente". Bom mesmo é encarar desafios, lutar por alguma coisa e sentir o sabor das conquistas.

Na minha juventude, eu aguardava as festas com ansiedade. Na organização dos detalhes eu encontrava um prazer maior e mais intenso que na festa em si. Quantas vezes os preparativos eram mais fascinantes que o próprio momento festivo?

Da mesma maneira, com um pouco de atenção e sensibilidade, pode-se chegar à conclusão de que o caminho pode ser tão encantador quanto o destino final.

Acredito que o que acontece nas festas e nas viagens também

acontece no dia a dia. Não sinto saudade das formaturas da minha vida acadêmica. Sinto falta das aulas que me marcaram por terem sido fascinantes. Sinto saudade da trajetória construída dia após dia, e não do que estava concluído e acabado.

Na vida, estamos sempre a caminho. E nesse conceito dinâmico da existência está a marca da sua originalidade. Aprecio Tolstoi, o escritor russo, quando diz: "É preciso consumir-se, perturbar-se, lutar, errar, recomeçar do início e jogar tudo fora, e novamente recomeçar e lutar e perder eternamente. A calma é uma covardia da alma."

É nessa inquietação de manter-se em movimento vital que cada ser humano pode reconhecer-se nas palavras do filósofo e poeta espanhol George Santayana: "Não existe cura para o nascimento nem para a morte, a não ser aproveitar o intervalo entre eles."

Não espere chegar ao destino sonhado para então se alegrar e admirar as belezas do lugar. Viva intensamente as alegrias e as belezas do caminho. Isso é sábio. Isso é a vida.

12. A diversidade que humaniza

Por que olhamos com desconfiança para tudo aquilo que não conhecemos? O desconhecido é sempre um mistério para nós. Basta observar nossa reação quando estamos diante de um novo prato. Para uma culinária não tradicional, olhamos desconfiados. Veja, por exemplo, quando um desconhecido chega a uma roda de amigos. Ficamos inquietos e, muitas vezes, desconfortáveis.

O problema é quando a desconfiança ou o medo do novo nos impedem de descobrir novos horizontes, novas pessoas, novos sabores, novas perspectivas de vida.

Aí, caímos na mesmice. Tudo sempre igual, conforme o esperado. Tudo muito calmo, mas muito sem vida.

Tive a oportunidade de estudar em Roma, na Itália, durante três anos. Vivi em um ambiente universitário com pessoas de mais de 60 países. Eu me lembro de que, nos primeiros meses dessa experiência, ficava tentando mostrar a todos a superioridade da minha cultura. Talvez isso fosse um pouco fruto da saudade da minha pátria.

Com o passar do tempo, compreendi que aquela era uma oportunidade única de amadurecer e de enriquecer diante da diversidade cultural. Era preciso dar uma chance ao diferente.

Foi assim que descobri a ternura de um amigo alemão. Até

aquele momento, eu só acreditava nos estereótipos dos personagens dos filmes, que retratava os alemães sisudos, prontos para a guerra. De repente, lá estava meu amigo Hans, que tinha um coração tão grande que podia abrigar toda a humanidade.

Foi em Roma que conheci a simplicidade de John, um amigo americano que tinha apenas três mudas de roupa, pois não via necessidade de mais. Nunca havia imaginado que um americano pudesse não ser consumista.

Aprendi a rezar com os meus amigos indianos, que me mostraram a espiritualidade como um caminho leve e repleto de Deus. Descobri que havia muitos modos de falar com Deus.

Essas lições me tornaram um ser humano verdadeiramente mais humano. Tudo isso mudou minha forma de ver a vida, o mundo e a mim mesmo. O que é diferente de mim não necessariamente precisa me causar desconforto. É apenas diferente. Diante da diversidade, do desconhecido, do novo, muitas vezes crescemos e amadurecemos nossa visão do mundo. É a diversidade que humaniza.

13. O silêncio vale ouro

"Nunca julgue uma pessoa pela aparência." Confesso que ao longo dos meus dias nem sempre me recordo desse sábio conselho ensinado com tanta doçura por meus pais.

Às vezes me vejo tecendo julgamentos a partir das impressões que os outros me passam, comentando coisas que nem mesmo sei se de fato aconteceram. Tudo com uma superficialidade que certamente deixaria meus pais envergonhados, pensando: "Quando é que esse menino vai aprender a lição?"

Quando fazemos algum julgamento sobre alguém e, ainda pior, quando compartilhamos isso com os outros, sempre acabamos por nos diminuir. Nunca vi ninguém insistir em uma crítica superficial e, ao mesmo tempo, despertar admiração por essa conduta.

Até aqueles que riem dos nossos comentários maldosos muitas vezes acabam por nos criticar quando viramos as costas.

Pense em quanto tempo na vida você já perdeu falando dos outros, julgando pelas aparências, fazendo comentários inconvenientes.

Ao tocar nesse assunto não tenho como não completar a frase dos velhos sábios: "Quem fala dos outros com você acabará por falar de você aos outros."

Este foi um aprendizado muito importante em minha vida.

14. A inveja mata ou cega

No seminário, onde vivi muitos anos, nossos antigos mestres nos diziam com frequência: "A inveja mata." Alguns dos meus companheiros gostavam de completar: "Mata ou cega." Com o passar dos anos, pesquisei a origem da palavra "inveja" e descobri que ela deriva da palavra latina "*invidea*", que significa "não ver". Curiosamente, invejar é o mesmo que estar cego.

Quando alguém se deixa tomar pela inveja acaba por perder a noção da realidade, emaranhado nas próprias interpretações equivocadas. Não sei se você já reparou, mas o olhar invejoso é sempre inquieto. Não há paz nele. Há apenas uma agitação constante, uma busca de algo que não se tem. Os que invejam estão sempre prontos a lançar uma investida traiçoeira contra alguém.

Na lógica cega e doentia do invejoso, todos precisam ser diminuídos para que, enfim, ele cresça. Pura ilusão. Os invejosos jamais triunfam. Nunca vencem. Em nenhuma hipótese conquistam algo que seja realmente valioso aos olhos íntegros.

Sinto pena dos invejosos e de suas enganosas satisfações. Lamento pelas vítimas de suas estratégias mesquinhas e venenosas. Os invejosos nunca sorriem com alguém. Estão sempre rindo de alguém. E o mais triste é que com frequência encontram seus pares para atiçar a fogueira dos egos feridos pelo sucesso alheio.

Eu digo aos invejosos: libertem-se dos grilhões e das algemas desse sentimento. Assim como a escuridão não é mais que a simples ausência de luz, a inveja é apenas a falta de consciência de si mesmo.

Não há nenhuma necessidade de possuir o que os outros possuem nem de ser o que os outros são. Viva em paz com a sua verdade. Aí estará a verdadeira felicidade. E a inveja? Desaparecerá naturalmente. Como a aurora se impõe sem violência e dilui a madrugada, a inveja será consumida pela luz da alma que busca a verdade – apenas a verdade, nada mais.

15. E quando sou provocado?

Com o passar do tempo, noto que algumas provocações não recebem mais nenhum tipo de reação da minha parte. Elas nada significam e acabam por não ter mais o poder que tinham antes. Muitas vezes as provocações são as mesmas e vêm de uma fonte que já me desestabilizou em outros momentos. O que, então, teria mudado? A resposta é simples: eu. Em outras palavras, o que mudou foi a minha atitude diante do fato, não o fato em si.

Hoje, quando alguém me agride, penso que a pessoa que está tentando me atingir deve se sentir tão fragilizada que não encontra outra forma de se fazer notar senão recorrendo ao insulto. Chego a sentir pena da sua estratégia de sobrevivência baseada em mecanismos conhecidos de infelicidade. E, consciente dessa realidade, acabo por não aceitar mais nenhum tipo de provocação.

Houve uma época, logo no início desse processo, em que essa atitude fazia com que eu me sentisse superior. Doce ilusão. Eu não sou mais nem menos que ninguém. Apenas não quero dar ao outro o poder e as chaves para mudar meu dia, ou melhor, mudar minha percepção sobre o dia, a vida, o mundo. E vou ainda mais longe: até os aplausos e as críticas já não fazem mais tanto sentido para mim.

A vida tem me ensinado que, assim como as provocações em geral são fruto de questões mal-resolvidas do outro em relação a mim, as críticas e os elogios também costumam ser impressões, um reflexo da imaginação e da percepção do outro. Diante das críticas e dos aplausos, acho prudente manter certo distanciamento e ampliar meu campo de visão.

Quanto mais me liberto dessas amarras e armadilhas, mais me sinto pronto para, enfim, alçar meu voo. E depois olho para trás e acho graça das coisas que um dia me inquietaram e se mostraram tão determinantes a ponto de me roubarem a alegria e a paz.

Dessa forma, provocações, críticas e elogios passam a ocupar o mesmo espaço dentro de mim: o da contemplação serena. Afinal, tudo isso, muitas vezes, não passa de mera ilusão, que serve apenas para distrair os que ainda não descobriram o poder das próprias asas.

16. Buscando a própria essência

Quem tem conhecimento não precisa ficar constantemente provando isso aos outros. Quem tem dinheiro não se sente na obrigação de tornar o fato evidente aos olhos alheios. Da mesma forma, quem faz o bem não tem de tornar sua obra conhecida de todos. Também os que são verdadeiramente felizes não precisam passar a vida tentando convencer as pessoas de sua felicidade. Quando tudo isso é de verdade e encarado como uma conquista sadia, gera uma paz serena na alma e um leve sorriso no olhar.

Aquilo que é se impõe com naturalidade. Do contrário, quando algo precisa apenas parecer e necessita de fundamentação sólida, requer um esforço tão estressante e se mostra tão pouco eficiente que sempre gera descontentamento.

Veja, por exemplo, as crianças. Elas não fazem o mínimo esforço para convencer os adultos de que são felizes. Elas simplesmente vivem e trazem os traços da felicidade no rosto. Até a formulação da pergunta "Você é feliz?" poderia soar estranha aos ouvidos infantis. A criança é feliz e não é necessário refletir sobre isso. Apenas é, simples assim.

Os que me proporcionaram grandes conhecimentos e me trouxeram sabedoria nem mesmo sabem que o fizeram. Os meus amigos mais bem-sucedidos financeiramente jamais fizeram de sua condição um instrumento de competição ou de autoafirmação.

Por outro lado, todo conhecedor de poucas coisas, e que se sente inseguro por sua ignorância, precisa constantemente provar sua pseudogenialidade. Muitos emergentes, que ainda conservam modelos do passado, procuram demonstrar riqueza com opulência e prepotência. Fazem alarde ao adquirirem um novo bem material. Tantos infelizes tentam demonstrar felicidade nos seus prazeres momentâneos, nos seus risos tristes e, muitas vezes, ensurdecedores.

Por isso gosto tanto de ler no Livro do Êxodo a autodefinição que Deus faz a Moisés: "Eu sou Aquele que é." Se por um lado, ao longo da história, tantos tentaram definir Deus com inúmeros adjetivos, Ele se autodefine simplesmente: "Eu sou Aquele que é" (Êxodo 3:14).

Nesse ponto está algo verdadeiramente importante: nós, seres humanos, feitos à imagem e semelhança de Deus, temos uma essência. Tudo o mais que nos cerca é apenas circunstância. O que temos hoje, podemos não ter mais amanhã. De qualquer forma, o que realmente somos ultrapassa qualquer condição que queira nos definir – dinheiro, felicidade, conhecimento. Seremos, na nossa essência, sempre mais do que qualquer coisa que possamos vir a ter.

A partir desse olhar, tudo fica muito mais simples. Toda vez que as coisas ou as circunstâncias quiserem nos iludir, pensaremos: isso não é a minha essência; isso não tem nada a ver comigo. E basta.

17. Os dois lados da solidão

A solidão sempre tem dois lados: um triste e nostálgico, outro profundo e vital. Você certamente já experimentou a solidão necessária e revigorante quando entrou em casa, fechou a porta e disse: "Como é bom estar em casa." Depois de tanta agitação, de tantas conversas, de tantos ruídos, você sentiu a necessidade de ouvir o próprio coração na paz do seu lar.

Por isso, sábio é aquele que dá tempo e condições de solidão a si mesmo. Só assim é possível ouvir as emoções. No silêncio solitário é possível, enfim, se encontrar.

É verdade que neste mundo nada tem favorecido o encontro pessoal. Ainda mais se considerarmos o fato de que ficar sozinho, hoje, tem sido associado à tristeza e ao abandono. Uma pena.

Ter momentos de solidão é dar a si uma oportunidade de fazer um mergulho interior. Veja que nenhuma pessoa profunda e verdadeiramente sábia vive apenas de ritmos alucinantes e baladas frenéticas. Todas as que me inspiram profundidade e confiança têm seus momentos de silêncio e meditação e muitas vezes se isolam, fugindo do barulho.

Levei vários anos para deixar de temer a solidão e perceber quanto ela nos amadurece e nos põe em contato com a essência humana. Esse caminho exige disposição, vontade e determinação.

Mesmo assim, frequentemente me sinto tentado a mergulhar no barulho de um mundo alucinado. Então, me recolho e contemplo o silêncio e a calma das estrelas. E volto à vida.

Por falar nisso, há quanto tempo você não para e olha atentamente o céu estrelado? Afinal, a solidão que nos amadurece nas noites é bênção para um novo dia.

18. A vida é dinâmica

Certa vez Clarice Lispector escreveu: "Estou com saudade de mim. Ando pouco recolhida, atendendo demais ao telefone, escrevo depressa, vivo depressa. Onde está eu? Preciso fazer um retiro espiritual e encontrar-me, enfim. Mas que medo de mim mesma!"

Há momentos em que sentimos saudade de algo que vivemos. Da alegria que um dia tivemos. É comum nos lembrarmos da infância como um tempo perfeito. Sentimos saudades de quando podíamos correr contra o vento, como pássaros que voam na direção do horizonte. Livres. Leves. Então percebemos quanto a vida nos transformou. Quanto a vida nos trouxe preocupações, desencantos. Vemo-nos mais desgastados e menos sonhadores. Mais desiludidos e menos esperançosos. Mais amedrontados e menos otimistas. E acabamos por sentir saudades de outra época da nossa vida.

O problema é que idealizamos o passado. Como se tudo tivesse sido uma maravilha. Esquecemos que também naquela época tínhamos nossos conflitos, nossos dias de tristeza. Nossas angústias. Nossas lágrimas.

A vida é luta. A vida é transformação. A vida é dinâmica. Há uma poesia de Fernando Pessoa que retrata bem as nossas constantes mudanças: "A cor das flores não é a mesma ao sol de que quando uma nuvem passa ou quando entra a noite e as flores são da cor da sombra. Mas quem olha bem vê que são as mesmas flores."

Dentro de cada um de nós há sempre a eterna criança que ainda brinca distraidamente. Ouça um pouco mais a criança que vive em você. Comece a gastar um pouco mais de tempo com as coisas mais simples da vida.

A felicidade está nas coisas que não têm preço: tomar uma chuva de verão, comer um pastel de feira com ar de quem saboreia um manjar dos deuses, emocionar-se com um filme ingênuo.

Penso que a felicidade é algo mais simples do que muitas vezes imaginamos.

19. O ponto de equilíbrio

Gosto do princípio do equilíbrio: várias partes formando um todo, em harmonia. O equilíbrio exige integração das partes.

Quando eu era criança meu pai certa vez me levou a uma praça nos arredores de casa. Delicadamente, disse que me ensinaria a andar de bicicleta. Sua primeira recomendação foi de que eu procurasse manter o equilíbrio. Claro que não foi naquela manhã nem nas manhãs seguintes que eu, enfim, comecei a andar de bicicleta com leveza e agilidade. Foram necessários esforços, treinos, tombos. Mas houve um momento, após muito empenho, em que pude encontrar o tal equilíbrio.

O aprendizado valeu. Até hoje ando com facilidade nas bicicletas da vida para me locomover. No entanto, embora tenha experiência e prática de muitos anos, em certas curvas perco o controle e vou ao chão. Levanto-me e retomo o caminho, novamente em busca da estabilidade e da moderação.

Equilíbrio é treinamento que exige atenção constante, pois a qualquer momento poderemos ser surpreendidos. Assim é a vida. Assim é o equilíbrio na vida. Encontrar o ponto certo a cada novo desafio exige sabedoria e discernimento para distinguir o local exato em que algo termina e começa o seu contrário.

Por exemplo: onde termina a humildade e começa o complexo de inferioridade? Onde termina a doação sadia aos semelhantes e começa a insegurança pessoal, que, muitas vezes, nos leva a querer fazer tudo pelos outros, numa atitude desesperada para não perder o afeto alheio. Buscar o equilíbrio é perceber com clareza que algo pode ser bom.

Todo exagero cobra um preço alto para o convívio social, as finanças e até para a própria saúde. Aproveite o lado bom da vida. Busque o equilíbrio.

20. Só mesmo uma mãe não desiste

Raramente vejo uma mãe desistir de seu filho, mesmo quando tudo parece apontar para um horizonte sem brilho, sem vida, sem perspectivas. As mães estão sempre firmes e insistem em dizer, cada uma do seu jeito: "Filho, deixe o vício." Ou: "Filho, não foi isso que eu imaginei para você." Ou ainda: "Filho, eu continuo aqui. Amo você."

Quando todos viram as costas e desanimam de continuar esperando uma iniciativa de superação, elas continuam lá, ao lado dos filhos, que muitas vezes nem mesmo compreendem o sentido das palavras amor, doação, entrega e sacrifício.

Qual é a força que as sustenta? De onde vem a coragem de desafiar a realidade e a lógica dos fatos? O que teriam as mães, que as faz guerreiras implacáveis na defesa de seus filhos?

São mulheres de fé. Assim aconteceu com Santa Mônica, a mãe de Santo Agostinho. Voltemos 1.700 anos na História. Lá encontraremos essa mãe e esse filho. Ele, rebelde, lançando-se na busca ansiosa dos prazeres vazios, mergulhado em vícios que acabam por reduzir qualquer ser humano a quase nada. E ela, sua mãe, mulher de oração, temente a Deus, confiante no poder do impossível.

Certa vez alguém disse a ela: "É impossível que se perca um filho de tantas lágrimas." Sim, Agostinho era um filho por quem ela chorava constantemente, suplicando a Deus que seu primogênito mudasse de vida. Ela chorou e rezou por mais de trinta anos, sem ver nenhum sinal de conversão ao longo desse tempo.

Perseverante na fé, ela continuava a pedir a Deus por seu filho. Até que certo dia o viu voltar à vida. Enfim convertido, ele passou a viver uma vida de aprofundamento da fé.

Ambos foram declarados santos da Igreja Católica. Ele, Santo Agostinho, o homem sábio. Ela, Santa Mônica, a mãe das lágrimas e a mulher de muita fé.

21. A verdade interior

Quando eu era pequeno, a cada ano novo minha mãe organizava os armários, as gavetas e a despensa de um modo delicado e preciso. Nunca entendi a razão de aquilo ser feito sistematicamente nas primeiras semanas de todo mês de janeiro. Parecia um rito religioso. Na verdade, creio que era sua melhor forma de começar bem o ano.

O tempo passou. No entanto, entre lembranças e saudades, estou sempre tentando organizar mais que gavetas, armários e despensa: tento organizar meu universo interior.

Abrace sua história de vida. Aprendi que os fatos da vida de cada ser humano são sagrados e que Deus se revela nos acontecimentos. Então, olhe para a sua história, ame as suas origens, orgulhe-se daquilo que você é, do lugar em que nasceu e de quem lhe trouxe à vida. Se não puder orgulhar-se de muita coisa, faça as pazes consigo mesmo. Abrace a sua verdade, a sua essência. Ali Deus faz morada. E você vai descobrir que esse olhar amoroso sobre as suas raízes vai lhe trazer grande paz interior.

Ame a verdade que existe em você. Não tenha vergonha dos seus erros, pois eles fazem parte do seu aprendizado. E todo mundo erra em algum momento da vida. É na experiência da fragilidade humana que se dá o fascinante encontro com a misericórdia divina. Dar o perdão a si mesmo é dar-se o direito de sorrir novamente. Não importa o tamanho da sua culpa, dos seus erros. Há um amor maior que tudo, capaz de invadir o seu coração e de lhe devolver a vida. Não negue a sua humanidade. Se você observar bem, as pessoas que mais amamos não são as mais perfeitas, mas são as mais verdadeiras.

Seja autêntico. Em geral, quando você é uma pessoa autêntica, sincera, não está cercado de uma multidão de amigos. Não importa, alguns restarão ao seu lado. Os que insistirem em permanecer serão os que o amam de fato. Não faça questão da presença de quem não aprecia o seu verdadeiro "eu". Nada se compara à sensação de ser realmente amado. Escolha sempre dizer a verdade. Nada paga a paz da alma.

22. A fragilidade humana

No relato da Criação, vários aspectos me chamam atenção. Um texto escrito seis séculos antes de Cristo ainda traz em si a força de tocar profundamente a alma humana. O texto bíblico diz que Deus criou o homem e a mulher a partir do barro. O sentido dessa expressão pode ser mais bem-entendido se buscarmos situá-lo no seu contexto. O barro, material importante na época, era usado para conter a água, guardar alimentos e toda espécie de objetos preciosos.

Dessa forma, dizer que o homem tinha sido feito do barro mostrava importância e dignidade. Por outro lado, não há como negar a revelação de sua fragilidade, pois a argila também se quebra facilmente. Mas há um momento no texto mais adiante, em que a temática da fragilidade humana aflora com mais intensidade: "Depois de comer o fruto proibido o ser humano fora expulso do paraíso." É justamente nesse ponto que lemos: "O homem então descobriu a sua nudez." Estar nu é estar vulnerável. Dessa forma, entendemos que somos a integração de opostos – preciosidades em vasos de argila.

Mas a atitude mais linda que um ser humano pode ter diante do outro é o respeito acolhedor e recíproco do mistério que os envolve e que se revela nas quedas e nas vitórias de cada um.

Certa vez li um pensamento de John Powell que até hoje me

faz pensar: “Se exponho a você a minha nudez como pessoa, não me faça sentir vergonha.” Em outras palavras: quando alguém me confiar um pouco daquilo que é, que eu jamais use isso como instrumento de poder ou de humilhação.

Que o contato com a fragilidade do outro e o acesso às suas confidências me tragam elementos para uma compreensão mais profunda de mim mesmo e da humanidade como um todo. Sem julgamentos. Sem acusações. Apenas o silêncio de quem se cala por amor.

Afinal, trazemos tesouros em vasos de argila. Somos a conciliação de opostos. Somos simplesmente humanos.

23. A presença ausente

Gostamos de dizer que vivemos em um mundo marcado pelas novas tecnologias, que instantaneamente podem unir pessoas nas mais diferentes partes do planeta. Por mais estranho que pareça, as novas tecnologias também podem favorecer o isolamento, mantendo em nós apenas a sensação de estarmos interagindo com o mundo.

Muitas vezes fico observando os casais nas mesas dos restaurantes. Um de frente para o outro, ocupando espaços restritos, aparentemente gozando de toda a privacidade do mundo. Mas eles estão sozinhos. Literalmente sozinhos. Cada um tem em mãos um celular ou outro aparelho eletrônico que permitem que estejam em contato com uma multidão de internautas. O resultado é previsível: passam horas em silêncio, digitando frases soltas para pessoas das mais diferentes partes do mundo. Acabam até sorrindo para a tela do computador, empolgados com algumas frases escritas por desconhecidos bem-humorados.

É difícil entender a lógica desse processo. Duas pessoas que saem juntas para uma refeição acabam ficando apenas fisicamente lado a lado. Os pensamentos e as emoções estão direcionados para outras pessoas, realidades e espaços. O mais incrível é que, na hora de ir embora, ainda trocam olhares de espanto ao perceberem que o tempo passou muito rapidamente.

Sim, o tempo passou depressa e ambos perderam a oportunidade de realmente estar juntos, de celebrar, unidos, um momento sagrado, como deveria ser o de uma refeição, e de falar com espontaneidade sobre projetos comuns que os fizessem olhar para o mesmo horizonte. Quantas oportunidades desperdiçadas pela falta de critério e de bom senso ou pela sedução do vício que inclusive limita as escolhas!

Que o nosso desejo de interação social mediada pelas novas tecnologias não nos roube dos nossos encontros pessoais. Que não nos falte a delicadeza de dar atenção e carinho a quem nossos olhos podem ver e nossas mãos podem tocar. Nada pior que nos sentirmos sozinhos quando todos poderiam jurar que estivéssemos acompanhados. Em outras palavras: a solidão acompanhada é a pior de todas as solidões.

24. Nenhum exagero é bom

Minha experiência de vida tem me mostrado o que os estudiosos do comportamento humano já alertaram há décadas: muitas vezes alguém defende acirradamente um determinado ponto de vista mais por insegurança pessoal do que por convicção. Serei mais claro e, para isso, vou recorrer a um acontecimento do meu passado.

Certa vez, um religioso conhecido por seu modo enfático e severo de defender a moral e os bons costumes aproximou-se de mim e, aos gritos, me expôs a sua indignação diante da jovem que, segundo ele, usava uma roupa indecente, imprópria e vulgar. Olhei para a moça e para seus trajes que causaram tanto alarido, e não havia nada de indecoroso: ela vestia uma camiseta com alças que deixavam seus ombros descobertos. Confesso que não havia nada além disso.

A jovem se afastou e o religioso ficou satisfeito, mais uma vez se sentindo cumpridor da sua missão de guardião dos trajes alheios.

Achei aquilo tudo desproporcional e estranho. Passados exatos oito meses, o lado então obscuro e misterioso do tal religioso começou a aflorar. Pessoas se admiravam com a descoberta da incoerência entre seu costumeiro discurso e sua prática de vida.

Continuei silenciosamente a refletir sobre os fatos e os acontecimentos. Cheguei a sentir certa pena dele.

O problema estava nele, nas suas questões mal-resolvidas, na sua afetividade negada e tratada com tantos temores, na sua falta de humildade ao não pedir ajuda. Mas meu coração ficou pequeno e apertado de verdade quando pensei nas numerosas vítimas de seus acessos de moralismo.

Foi dele que ouvi, em determinada ocasição, a frase desesperada e desesperadora: "Você convive comigo apenas algumas horas; eu tenho de viver comigo mesmo pelos dias e meses do resto da minha existência."

Tudo isso me ensinou que aqueles que ostentam em discursos e atitudes a defesa da moral e não trazem em si próprios o respeito pelo ser humano buscam, na verdade, se defender de si mesmos. Lamento por eles e, principalmente, pelas vítimas de suas fúrias. Os exageros costumam revelar a parte sombria e oposta das nossas moradas interiores.

25. As distâncias que aproximam

Certa vez li um livro de Richard Bach chamado *Longe é um lugar que não existe*. Fiquei pensando sobre as distâncias e o poder que há nelas. Então comecei a me perguntar: as distâncias podem reavivar o amor? Podem restabelecer amizades? As distâncias podem nos tornar pessoas melhores? E mais maduras?

Sim. No meu modo de ver, todas essas questões permitem "sim" como resposta.

Aprendi a valorizar a distância e os seus frutos. Claro que, como tudo na vida, a distância pode trazer o avesso daquilo que apresentei anteriormente. A distância pode enfraquecer o amor. A distância pode nos desmotivar. A distância pode nos levar a caminhos nos quais não havíamos pensado antes, fazendo com que deixemos para trás o que até então era tão importante e parecia definitivo e eterno.

Mas constato a necessidade do distanciamento. A vitalidade que há no fato de nos afastarmos um pouco das coisas do dia a dia. De tomarmos distância. De caminharmos para longe e voltarmos mais conscientes dos contornos e de tudo o que envolve determinada situação.

Hoje eu vejo que, nos momentos de muito tumulto ou sob a pressão dos acontecimentos, nem sempre tenho a lucidez necessária para discernir de forma adequada e justa tudo o que me amedronta ou me pede uma resposta ou atitude.

Distanciar-se um pouco é sinal de sabedoria. Afastar-se por um momento, uns dias ou alguns meses permite reencontrar o foco necessário para o bom encaminhamento das coisas e dos relacionamentos.

A água se torna turva quando misturada ao barro. É preciso esperar pacientemente que o tempo a decante. Sem esse processo é impossível fazer bom uso dela.

Portanto, assim como a água misturada ao barro necessita de um tempo para se purificar, também nós necessitamos de tempo e distanciamento para tomar as decisões que consideramos importantes e fundamentais para a nossa vida.

26. O medo da morte

Por que temos tanto medo da morte? Por que excluímos esse tema das nossas conversas cotidianas? Por que afastamos as nossas crianças do seu contato? Se a morte, segundo a sabedoria popular, é a única certeza que temos na vida, por que a tratamos com tanta indiferença e rancor?

Quando se fala em morte, é comum alguém procurar encerrar a conversa, como se fosse uma ofensa pessoal. Quando tentamos nos preservar e não tocamos em determinados assuntos, é natural que o mistério que os envolve acabe por nos amedrontar e roubar nossa paz interior.

Tudo o que não enfrentamos com coragem passa a nos intimidar e a exercer um poder exagerado sobre nós, assumindo um papel importante pelo simples fato de não ser reconhecido nem admitido. Dessa forma, por não termos naturalidade diante do único fato comum a todo e qualquer ser humano – a morte –, somos levados a ensinar às nossas crianças que o silêncio é a melhor postura.

A maior prova de que não fomos preparados ao longo da vida para enfrentar esse momento é que criamos representações teatrais quando deparamos com alguém à beira da morte. E nos tornamos, no mínimo, inconvenientes.

Basta observar a postura das pessoas durante as visitas aos

doentes em fase terminal. Quando todos sabem, inclusive o enfermo, que a morte se aproxima, sempre há alguém que insiste em dizer: "Ainda vamos jogar muita bola juntos." Ou: "Vamos correr a São Silvestre." Nessas horas, o silêncio pouparia muitas atitudes forçadas, para dizer o mínimo. Pior ainda é quando alguém tenta justificar isso como uma piada para descontrair.

Quando não se é capaz de dizer nada verdadeiro numa situação tão difícil, que venham o silêncio e o carinho das pequenas delicadezas. Dê no enfermo um abraço terno e garanta a ele que você estará por perto, em qualquer circunstância.

Enfim, se não é mais possível, como adultos, tratarmos a morte com serenidade, que tal tentarmos abordagens nesses moldes com as crianças? Talvez um dia elas estejam ao nosso lado no momento derradeiro. Então é possível que uma atitude mais madura hoje em relação à morte resulte em mais conforto diante dos fatos e das circunstâncias do amanhã. Que assim seja.

27. O amor está nos detalhes

Eu gosto das pequenas gentilezas. Quando alguém educadamente me oferece espaço num banco de espera; quando uma criança me mostra um desenho feito à mão, em que a minha figura está entre os membros da família; e quando uma senhora me oferece um pedaço de bolo de fubá que ela fez pensando em mim fico feliz, muito feliz.

As pequenas gentilezas são como as flores que, silenciosamente, apenas serão vistas e admiradas por aqueles que tiverem a capacidade de acolher sua beleza com delicadeza de alma. As gentilezas têm o poder de transformar nossos dias. Elas condensam amor e carinho, como os pequenos frascos de perfume trazem a essência que seduz e encanta.

Em um mundo extremamente agressivo, no qual a dureza da vida parece embrutecer ainda mais os corações humanos, a amabilidade se assemelha àquelas plantas que insistem em sobreviver em meio ao deserto e causam espanto e admiração aos caminhantes.

Mesmo correndo o risco de ser enquadrado entre os sonhadores de um mundo impossível, prefiro continuar a luta a favor da implantação de novas gentilezas.

Não quero me abater nem desanimar diante das inúmeras provocações dos que nunca se permitiram ser tocados pelo sorriso do colega de trabalho, que faz questão de esperar alguns minutos após o expediente apenas para acompanhar o outro até o metrô mais próximo. Como não se alegrar com a pequena lembrança que alguém traz de algum lugar turístico com os tradicionais dizeres: "Lembrei-me de você."

O melhor da vida está nas pequenas gentilezas, nas discretas delicadezas que fazem tão bem à alma e ao coração. Concordo quando dizem que o amor está nos detalhes.

28. Para além do sucesso

Toda pessoa que quer ser mais do que realmente é acaba pagando um preço alto e muitas vezes perdendo a noção do limite.

Vivemos num momento da história humana em que a busca do sucesso se tornou a grande motivação de algumas pessoas. Parece que vale tudo pelo sucesso e para seus prazeres. Ainda mais quando há incentivo de alguns veículos de comunicação, que propõem aos candidatos o sonho do sucesso instantâneo. Em pouco tempo, afirmam, você poderá se tornar uma pessoa conhecida do grande público, com direito a voltar à terra natal em carro aberto, de tal forma que seus conterrâneos terão a chance de vibrar com o seu estrelato.

Tudo muito rápido, envolto em um discurso superficial e mágico. No reino das futilidades, da busca do sucesso a qualquer preço, aqui estou eu, remando contra a corrente, tentando lhe dizer que não se deixe enganar. Seria mentirosa a pessoa que, para lhe vender sementes, dissesse que na manhã seguinte ao plantio a sacada de sua casa teria flores. Também aqueles que lhe prometem sucesso imediato são falsos e enganadores.

O tempo é fator fundamental no processo de preparação para a vida. Há uma grande sabedoria na espera. Muito frequentemente ela não é perda de tempo, mas sim um intervalo privilegiado de maturação.

Portanto, se a vida lhe oferecer oportunidades para se desenvolver, acolha-as como um presente. Desenvolva suas habilidades. Mas nunca se esqueça de que o sucesso não é um valor em si mesmo. Ele não deve ser uma meta, mas a consequência de muito trabalho, boas estratégias de ação, escolhas acertadas, oportunidades transformadas em inovações e respostas adequadas.

Por isso, as pessoas bem-sucedidas que conheço e aprecio poucas vezes demonstram interesse nesse assunto. Tudo nelas é tão natural que chego a ter a impressão de que tais pessoas não têm tempo nem disposição para pensar no sucesso. Transmitem tanta paz naquilo que são que parecem nunca ter nada a provar para ninguém. O sucesso está harmoniosamente integrado em seu cenário de realização pessoal e profissional.

29. O valor da humildade profissional

Se um jovem me pergunta o que é fundamental para o sucesso na carreira, eu lhe respondo: dedicação, muita dedicação. Cultivar a cada dia o que há de melhor em si. Planejar. Estabelecer metas. Fazer escolhas. Saber o momento de renunciar. Sacrificar-se. Não há progresso profissional ou pessoal sem luta, sem empenho.

Quando um aluno da universidade na qual leciono me diz que anda dormindo pouco por conta dos muitos trabalhos solicitados, das exigências do ambiente acadêmico, não sinto pena. Pelo contrário: fico feliz por ver que ele está levando a vida a sério. Adultos fazem renúncias, sofrem, passam noites em claro, em determinados períodos da vida. Tudo isso ajuda na formação do caráter. A vida não poupa ninguém. Ser bem-sucedido exige preparo intelectual e, sobretudo, humano.

Com o passar dos anos, fui aprendendo que tudo o que disse até aqui continua válido, e acho que assim continuará para sempre. Mas hoje, se alguém me perguntar o que deve fazer para ter sucesso profissional, acrescentarei outro elemento: humildade, muita humildade. Não se chega a lugar nenhum sem isso.

Humildade é reconhecer as próprias qualidades. Apreciar os próprios dons. Aceitar com naturalidade os próprios limites. Não tentar escondê-los motivado pela vergonha de ser o que é.

Nem mais nem menos, mas na medida exata. Acolher e abraçar aquilo que de fato é.

Por isso a pessoa humilde não quer diminuir ninguém. Ela não precisa disso. O humilde não vê o outro como um concorrente; ele se sente feliz por ser como é. Por ter as coisas que pertencem a ele. Quem é humilde vive em paz e não precisa provar nada a ninguém.

Ao longo da minha vida não conheci ninguém que, tendo cultivado a prepotência e o orgulho, humilhado os outros e subido na vida à custa de pisar nas pessoas, tenha, no final de tudo, me mostrado que esse caminho valeu a pena. Na verdade esse tipo de pessoa eu os encontrava amargurados, sozinhos, descontentes e infelizes.

Acredito que você também não possa dar exemplos de pessoas opressoras que, com o passar do tempo, se tornaram realizadas, felizes e de bem com a vida. Ao contrário: essa gente está sempre com medo da vida e das armadilhas que ela mesma criou.

Se você quer ter sucesso profissional e pessoal, lembre-se: humildade é fundamental para a construção de qualquer carreira e de qualquer ser humano.

30. Deixar que os filhos partam

Muitos pais não conseguem ver os filhos como seres independentes. Talvez até inconscientemente, acabam fazendo qualquer coisa para mantê-los por perto. Acreditam piamente que sua presença é capaz de protegê-los de todo perigo. Mas na verdade o amor dos pais nunca será capaz de preservar os filhos dos embates da vida.

Em algum momento é preciso deixá-los partir, na esperança de que a formação e os valores cultivados no decorrer dos anos possam dar-lhes a direção e a segurança necessárias aos primeiros voos.

Diante dessa realidade alguns pais passam por uma grande crise. Ao mesmo tempo que se alegram com a independência dos filhos, sentem a dor da perda do próprio papel até então bem-definido e das funções inerentes à responsabilidade de serem pais.

Quando os filhos estão seguindo seu caminho, tomando decisões de forma independente, muitos pais têm de enfrentar o desconforto da ausência ou, como alguns costumam chamar, a síndrome do ninho vazio. E a sensação de não saberem o que fazer da própria vida depois dessa mudança. Que papel restará aos pais?

A situação se agrava quando o casal se distanciou ao longo

dos anos, tendo canalizado toda a afetividade para os filhos, esquecendo-se de si mesmo e de construir algo para sua vida. Mães que se tornaram dependentes dos filhos e que só viveram para eles e pais que substituíram o afeto da esposa pelo carinho das filhas.

A dificuldade de deixar os filhos partir não está apenas no fato de vê-los expostos aos perigos da vida. O drama reside também na redefinição das razões da própria existência e da possibilidade de resgatar ou não a relação a dois.

Caberá a cada um encontrar novos horizontes. No entanto, por se sentirem incapazes de enfrentar desafios, alguns pais passam a viver a vida dos filhos, interferindo em seu casamento, fazendo-se exageradamente presentes em todos os momentos e assumindo a educação dos netos como prioridade.

Dessa forma, pensam estar preservados do grande e necessário confronto interior. Será apenas questão de tempo até a vida, de forma insistente, lhes suscitar a pergunta: e agora?

31. Superproteção não educa, destrói

Filhos mimados não conseguem suportar nenhum tipo de contrariedade. Pior ainda: acreditam que o mundo existe para responder aos seus desejos.

Certa vez uma amiga e suas duas crianças vieram me visitar. Por sugestão minha, fomos ao shopping. Depois de algum tempo, notei que as crianças rolavam no chão próximo à escada rolante. Aproximei-me para entender o que estava acontecendo e a mãe me disse: "Eles são muito agitados, não gostam de ser contrariados. Querem ir embora." Eu me inclinei até eles e falei baixinho: "Chega dessa palhaçada, agora." De um instante para o outro tudo se modificou. Levaram um susto e deixaram imediatamente aquele comportamento inadequado. Até hoje a minha amiga quer saber o método educativo que usei naquela tarde e que produziu tantos frutos.

Em outra ocasião, uma mãe superprotetora me procurou, junto com a filha, que estava em prantos. A jovem me disse: "O meu namoro acabou." Eu perguntei: "Há quanto tempo vocês estavam namorando?" Ela respondeu: "Três meses." Para minha surpresa, ela não se sentia capaz de suportar aquela dor. Profundamente angustiada, estava tomando antidepressivos.

Descrente do amor, ela mergulhou numa letargia, sem forças para recomeçar. Eu me aproximei e disse: "Você viveu vinte anos sem ele e não serão três meses que terão o poder de destruir você. Aproveite para amadurecer."

Tanto no primeiro caso, o das crianças mimadas, como no da filha com dificuldade para reagir ao sofrimento, percebi características semelhantes nas mães: superproteção, medo de se posicionar, falta de capacidade de disciplinar.

Assim como os filhos não foram feitos para satisfazer os sonhos dos pais, os pais também não foram criados para tornar reais todos os sonhos dos filhos.

32. Bondade, sim! Ingenuidade, não!

Às vezes as pessoas confundem bondade com ingenuidade. Ser bom não é ser tolo. Ser bom é ter consciência da realidade e das suas armadilhas. É saber das fraquezas e dos limites pessoais e alheios e, mesmo assim, continuar apostando no valor do amor, da misericórdia e da generosidade.

A imagem de Jesus como símbolo de bondade sobrevive aos séculos. No entanto, certa vez, com um chicote nas mãos ele expulsou com rigor os vendilhões do templo, aqueles que haviam transformado a casa de Deus em um lugar de comércio. E, ao longo de dois mil anos, ninguém atribuiu a esse gesto nenhum sinal de desequilíbrio nem de instabilidade emocional. Ao analisar o contexto, vê-se claramente que a realidade exigia uma postura rígida, que não comportava negociação. Então, naquele dia, o amor se mostrou forte e severo.

Não sei o motivo que nos leva a associar o amor à mansidão. Na verdade, o amor se revela intenso e rude quando para ser compreendido só lhe restam o susto, o inesperado e o impactante.

O que não sabemos com exatidão é se, no dia seguinte à atitude severa de Jesus, os vendilhões do templo mudaram de vida e se converteram. Quem sabe teriam voltado à rotina após uma longa noite de sono? Talvez a ausência de uma informação posterior no texto bíblico revele um dado importante: independentemente dos resultados, a seriedade é um caminho necessário a qualquer processo de mudança. O que acontecerá depois não dependerá mais de quem agiu corretamente.

A cada um caberá refletir e decidir. Muitas vezes é preciso usar o chicote e o olhar severo para mostrar a verdade. Assim como uma moeda tem dois lados, o amor também comporta expressões aparentemente opostas. No entanto, trata-se apenas do outro lado da mesma fonte: o amor.

33. A decisão é sua

Para Voltaire, escritor e filósofo iluminista francês, a vida se assemelha a um jogo de cartas. Se num primeiro momento elas foram impostas, caberá a cada jogador fazer as escolhas necessárias para que o jogo prossiga.

Não escolhemos nem onde nem quando nascer. E "não nascemos prontos", como nos lembra Mário Sérgio Cortella, filósofo e educador brasileiro contemporâneo. Não somos um produto finalizado e exposto em uma gôndola de supermercado para sermos consumidos. Como seres humanos, estamos em permanente construção, jamais completamente amadurecidos ou acabados.

Se herdamos a personalidade e as predisposições genéticas, temos a capacidade de escolher o rumo na vida. Somos protagonistas da nossa história. Por isso não é tão importante o que nos acontece ao longo da jornada, mas as decisões que tomamos a partir desses acontecimentos.

Conheço muitas pessoas que consomem seus dias em lamentações profundas, como crianças mimadas que não conseguem viver em meio às contrariedades. Mas a vida também tem me dado a chance de conviver com outras tantas que, embora trazendo cicatrizes físicas e emocionais, conseguem criar em torno de si uma atmosfera de alegria, paz e vitalidade, de modo que é sempre bom tê-las por perto. O interessante é que elas não tentam esconder suas cicatrizes, mas vivem em plenitude apesar do incômodo que certamente representam.

Conheço histórias de pessoas que foram traídas, abandonadas ou que perderam tudo de um dia para o outro. O ponto em comum entre elas é o fato de que, em determinado momento da sua vida, foram fortemente feridas, mas acabaram por acolher sua dor e responder a ela com amor e perdão. Tornaram-se criaturas lindas, com tal capacidade de ser solidárias com o sofrimento dos outros, que as próprias imperfeições e cicatrizes se transformaram em símbolos de esperança e de vida renovada.

Por isso, quando uma pessoa me fala que não foi desejada pelos pais, por exemplo, entendo que ela sentiu uma dor muito forte, a ponto de quase definir o percurso de sua vida. Mas o importante é que ela nasceu – e isso não deve ser um peso.

Agora ela tem de resolver as coisas por si mesma. Mas deve se lembrar de que o dom da vida vem de Deus. Só a Ele é preciso dar satisfação. E Ele, no meu modo de entender, está feliz com a existência dessa pessoa e quer vê-la sempre mais alegre. A vida é o que temos de mais sagrado.

34. A grande mudança

Quantas tentativas inúteis de mudar o outro? Quantos anos desperdiçados na busca de transformar em uma extensão de nós mesmos aquela pessoa que está ao nosso lado? O outro é diferente de mim. Certa vez li um livro cujo título fazia um convite: "Deixar que o outro seja."

Quem se casa na esperança de que o outro mude pode viver uma história de contrariedades e desilusões. Não quero dizer que as pessoas jamais mudem. Ao longo de décadas presenciei grandes e verdadeiras transformações. Algumas foram motivadas pela fé; outras, por aquilo que as pessoas aprenderam com a perda de um ente querido; e um número incontável de mudanças acabou acontecendo a partir da experiência da dor e do desespero.

Os sábios dizem que as grandes transformações interiores e comportamentais se dão por meio do amor ou por meio da dor. O Salmo 49 diz que "o homem na prosperidade não compreende." De fato, certas coisas só são aprendidas com o sofrimento.

Confesso que acompanharei poucas mudanças motivadas pelo amor. A maior parte delas teve como fundamento uma situação de dificuldade.

Acompanhei pela televisão a luta de um ator famoso contra o câncer. Certa vez ele disse: "A doença me fez um ser humano melhor." Achei aquele testemunho forte e comovente. Mas, acima de tudo, repleto de sabedoria.

Não sei se alguém que convive com você um dia, enfim, irá mudar. Nem mesmo sei se é disso que você precisa. Mais que esperarmos a mudança do outro, acredito que nosso grande desafio é acolhermos a diversidade que ele traz como oportunidade para nosso crescimento pessoal.

E que eu e você não desperdicemos nenhuma dor, nenhum sofrimento, nenhuma perda, e comecemos a grande mudança.

Lembre-se das palavras de madre Teresa de Calcutá quando perguntada sobre o que precisaria ser urgentemente mudado no mundo. Ela respondeu: "Duas coisas precisam ser mudadas com urgência – eu e você!" E que assim seja.

35. O medo de perder o outro

Qual é a mudança que não vale a pena?

Aquela que não nasce de dentro, mas se impõe pelo medo ou pela conveniência. Se em algum momento da sua vida você muda apenas para agradar a determinada pessoa, e corresponder às expectativas que ela nutre quanto a você, tenha certeza de que essa mudança não vai durar nem lhe trazer a alegria própria das transformações profundas e vivificantes.

Por medo de perder o outro, há os que negam até suas raízes e sua identidade. Numa atitude desesperada, acreditam que corresponder aos moldes estabelecidos pelo companheiro será garantia de uma vida em comum.

É até possível que vocês permaneçam juntos. Mas os dias não poderão ser vividos sem que o que negou a si mesmo o direito de ser quem realmente é se sinta miserável. Mudar apenas para contentar o outro é, no mínimo, insano.

Ao longo da vida, vi pessoas que deixaram de cultivar seus relacionamentos sadios de amizade por exigência do parceiro. Esse egoísmo que leva alguém a querer a posse do outro se baseia nas carências pessoais e na ilusão de ser a única fonte de amor do ser amado.

O desejo de exclusividade sufoca o relacionamento. Por que negar à esposa o prazer e o direito de se encontrar com os amigos de faculdade? Por que negar ao marido a possibilidade de passar um dia com os amigos da juventude?

Há os que se casam e se tornam reféns de um companheiro possessivo, que nega ao outro as experiências simples, saudáveis e prazerosas que já fizeram parte do modo de ser e conviver do parceiro.

Permanecer ao lado. O que poderia significar parceria e crescimento mútuo se torna agonia para aquele que se sente fragilizado em uma relação sufocante, exclusivista e, consequentemente, infeliz.

36. Essa dor não tem nome

Certa vez, uma mãe que acabara de perder o filho olhou para mim com os olhos em lágrimas e disse: "Não há dor maior que a de ver um filho morto. Essa é a dor que não tem nome."

Eu me lembro de que fiquei paralisado diante dela, como se não existisse nenhuma reação apropriada àquele momento. Afinal, aquele fato ultrapassava qualquer lógica humana, parecendo mesmo uma deturpação do rumo natural da vida, em que os filhos deveriam enterrar os pais.

E então fiz silêncio. O silêncio de quem ama e respeita a dor do outro.

Sim, há momentos em que o melhor a fazer é oferecer o abraço carinhoso, demorado, que diz muito mais que mil palavras.

Nasci numa cidade pequena do interior. Lembro-me com saudade da delicadeza dos nossos vizinhos quando o vovô faleceu. A gente se sentia envolvido pelas manifestações de carinho daquela gente simples, mas cheia de Deus e do Seu divino amor.

Quando alguém sofria uma perda, era comum aparecer um conhecido trazendo um docinho de abóbora, uma sopa quente, no desejo de que a vida ficasse um pouco mais leve com a presença do amor e de suas delicadezas.

O tempo passou e hoje eu venho lhe dizer com sinceridade: não sei o tamanho da sua dor. Não sei nem mesmo o lugar onde você vive. Mas sei que, neste momento, a vida está me dando a oportunidade de chegar ao seu coração. Quem sabe para poder lhe fazer companhia? Não trago um prato de sopa nem nenhum doce, mas uma palavra dita com amor e verdade. Coloco-me ao lado de sua dor, de sua perda, de sua solidão.

Talvez eu não tenha a palavra exata para o momento que você vive. Mas, com certeza, alguém maior tem a palavra certa para aliviar as dores de sua alma. São estas as palavras do profeta Isaías (Isaías 40:8-10):

> Deus dá ânimo ao cansado e recupera as forças do enfraquecido.
> Os que esperam em Deus renovam suas forças, criam asas como águias. Não precisa olhar com desconfiança, pois é o Senhor quem diz:
> "Não tenha medo, eu estou com você.
> Eu sou o seu Deus. Eu fortaleço você. Você é meu.
> Quando atravessar a água, eu estarei com você; os rios não o afogarão; você não se queimará e a chama não o alcançará quando passar pelo fogo. Você é precioso para mim. Não tenha medo.
> Eu sou o seu Deus, e o sou para sempre."

Mãe, qualquer sofrimento é pequeno quando o colocamos no contexto da eternidade do universo.

37. Quando bate a tristeza

Há pessoas que precisam se lamentar constantemente. Contam suas dores com muitos detalhes, falam com minúcias dos problemas familiares, apresentam-se como vítimas da vida e do tempo.

Sempre tentei ajudar essas pessoas. Mas percebia que as mudanças, quando aconteciam, eram tímidas e passageiras.

No entanto, tenho analisado o mecanismo e as etapas que as movem. Por acreditarem não possuir nenhuma característica capaz de atrair os que estão próximos, elas acabam por contar apenas com a possibilidade de que os outros permaneçam junto delas por compaixão.

Entendi a questão e sua complexidade. Mas a considerei muito triste. Triste, sim, porque qualquer solução que fosse apresentada ou sugerida a elas não teria o poder de alegrá-las, uma vez que elas se alimentam da tristeza e acreditam que viver das migalhas alheias é o único caminho que lhes resta.

Por outro lado, devo confessar que mesmo que todos os sinais apontem para determinada direção, eu continuo a acreditar no ser humano e na sua capacidade de mudança.

Se de alguma forma você se identificou com minhas palavras, quero lhe dizer com toda a certeza: não é porque você viveu esse pessimismo durante décadas que está condenado a ser assim pelo resto dos seus dias. Tudo pode ser transformado, modificado. Deus faz maravilhas. A única coisa que Ele pede é o seu esforço, a sua disposição, o seu "sim" a um novo projeto de vida.

Quem sabe hoje não será o primeiro dia de um novo modo de encarar a existência, de se olhar com amor e carinho. Se você não começar se amando, dificilmente outros seguirão esse caminho. Você vale muito. É como dizia um velho amigo: "Você não é o dono do mundo, mas é filho do dono."

38. Deus tudo sabe

Muitas vezes a vida nos surpreende – e algumas surpresas não são agradáveis. Mas, numa visão de fé, quero lhe dizer: Deus, que tudo sabe, nos ama tanto que não nos abandona nunca. Em nenhuma circunstância. Tanto é assim que na Bíblia, no livro do profeta Isaías, Deus diz carinhosamente: "Pode uma mulher se esquecer do fruto de seu ventre? Pode uma mulher não se compadecer do filho das suas entranhas? Ainda que ela se esquecesse, eu de ti não me esquecerei jamais" (Isaías 49:15).

Não é uma teoria. É uma promessa divina. A humanidade inteira pode abandonar você, mas Deus sempre estará pronto para carregá-lo nos braços. Mesmo você não entendendo a lógica nem a razão dos fatos, algumas coisas acabam acontecendo. Passamos por situações desagradáveis, ruins, mas o tempo se encarrega de nos mostrar os bons frutos de toda dor, de cada perda, das situações que à primeira vista nos parecem sem sentido.

Não. Não encare mais como um castigo aquilo que aconteceu e que lhe trouxe tanta tristeza, eliminou sua segurança e lhe roubou a estabilidade. Mesmo lá, quando tudo parece perdido, há sempre uma semente do recomeço e da nova vida. Você, assim como eu, conhece pessoas que, por exemplo, perderam o emprego, e acabaram por descobrir que podiam mais do que faziam antes. Esse acontecimento, a princípio negativo, com o passar dos meses se revelou uma bênção. Então, quero chegar bem próximo do seu coração sofrido e lhe recitar o final daquele belo texto de autoria desconhecida intitulado "Pegadas na areia":

– Senhor, tu me disseste que andarias sempre comigo, em todo o caminho. Contudo, notei que durante as maiores atribulações do meu viver havia apenas um par de pegadas na areia. Não compreendo por que nas horas em que eu mais necessitava, tu me deixaste sozinho.

O Senhor me respondeu:

– Meu querido filho, eu jamais te deixaria nas horas de provação e de sofrimento. Quando viste na areia apenas um par de pegadas, eram as minhas. Foi exatamente aí que eu te carreguei nos braços.

39. Amor de mãe

Por amor, uma mãe é capaz de dar a vida a um filho. Por amor, um pai é capaz de aceitar um trabalho distante para garantir o sustento da família. Quantos sacrifícios fazem aqueles que amam, sem nem mesmo pensar em nenhuma forma de recompensa ou retribuição! Fazem apenas pela sensação do dever cumprido, pela responsabilidade assumida, pela paz proveniente da doação plena. São pessoas de coração lindo, que tudo fazem por amor.

A vida me deu oportunidade de conhecer pessoas assim. Lembro-me da mãe que levava a filha para a faculdade todas as manhãs, pois a jovem não tinha os movimentos, vítima da paralisia infantil. Transportar a filha do estacionamento à sala de aula exigia um esforço sobre-humano, e isso me fazia pensar nos outros tantos trajetos que elas teriam de percorrer ao longo do dia. Todas os dias essa mãe chegava à universidade com uma expressão que eu chamava de "sorriso perene", porque parecia que não se esgotava nunca.

Eu, que sempre acreditei entender de amor, aprendi com aquela mãe que o amor que se sacrifica não sente o esforço que faz. O que os outros veem como sacrifício é simplesmente o sentido da vida e o prazer de viver para quem ama de forma plena. Entenda quem puder. E quem não puder é porque ainda não amou em plenitude, com um amor que ultrapassa todo sacrifício e chega ao coração de Deus.

E o coração de Deus é aquele que mais compreende questões de amor e sacrifício. A Cruz de Cristo é o maior sinal do amor levado às últimas consequências. E apenas o amor faz com que o sacrifício extremo ainda encontre sentido e traga paz a quem se entrega.

40. Viver por amor

Certa vez alguém me disse que nosso tempo de vida beira os 80 anos. Alguns mais fortes chegam aos 100. De uma forma ou de outra, esse tempo de vida equivale a um mero segundo cósmico. Mesmo sem entender em profundidade o sentido dessa expressão, percebi que o tempo de vida de cada ser humano é insignificante diante do que nos antecedeu e do que se estende depois da nossa existência.

Somos apenas um segundo no tempo. No entanto, tudo o que me resta – se eu quiser que esse segundo valha a pena – é não perder as oportunidades que o futuro me oferece de demonstrar amor.

Por que esperamos perder pessoas e coisas para só então valorizá-las? De onde vem essa dificuldade em dizer que amamos quem está ao nosso lado? Por que desperdiçamos tantas oportunidades de manifestar afeto e carinho?

Não sei quanto me resta dos meus dias. Claro que gostaria que fossem muitos. E que fossem bem-vividos. Se por muito tempo vi a vida passar e não me senti verdadeiramente vivo, por medo ou vergonha de demonstrar amor, quero, a partir de agora, dar o primeiro passo em direção à mudança. Romperei a barreira da vergonha, da timidez, e direi com palavras e atitudes: "Eu amo os que um dia me carregaram no colo e sou grato a eles."

Não quero mais economizar expressões de carinho. Não quero mais me conter diante do desejo de dizer: "Eu te amo." Não quero mais negar um sorriso, que nasce na alma, aos meus entes queridos. Quero falar muitas palavras de incentivo. Quero manifestar livremente meu afeto.

Pai amado. Mãe querida. Nesse abraço, nessas palavras, quem sabe, estão o sinal do meu amor e meu pedido de perdão pelos muitos anos de frieza e distanciamento.

Não posso mais perder nem um dia sequer. Se vou durar apenas um instante do universo, que o tempo que me resta seja vivido com amor. Afinal, o amor nos faz eternos. Sim, Senhor, eu também quero poder dizer a mim mesmo que tudo o que vivi valeu a pena.

41. Tempo de falar e tempo de calar

Muitas vezes é desnecessário e inconveniente dizer o que pensamos. Desgasta e não leva a nada. Mas há ocasiões em que essa é a melhor maneira de ajudar alguém a amadurecer e a enxergar determinadas realidades de um ponto de vista diferente. Se em alguns casos calar é sinal de prudência e maturidade, em outros é demonstração de omissão e fraqueza. Por isso, o livro do Eclesiastes diz: "Há um tempo para cada coisa. Tempo de nascer, e tempo de morrer. Tempo de chorar, e tempo de rir. Tempo de calar, e tempo de falar" (Eclesiastes 3:2-7).

Não há regra definida. Tudo depende do contexto, da situação e do momento. A grande questão não é, portanto, falar ou calar: é saber o que a circunstância exige. Eu uso a palavra "exige" porque qualquer passo fora dessa linha do bom discernimento conduzirá inevitavelmente a equívocos nada compensadores. É preciso estar atento.

Por vezes, somos tentados a emitir juízos e opiniões quando o melhor seria apenas o silêncio e o distanciamento. Tenho visto amizades se desfazerem por escolhas desastradas. Tenho visto casais enfrentarem grandes crises devido ao peso da palavra dita de forma errada e no momento inconveniente. Tenho visto parentes se digladiarem por causa da imprudência verbal de uma pessoa, até então, querida.

O preço pago pela palavra mal-usada é sempre muito caro. A palavra pode ser elo que une pessoas opostas. Pode ser faca que produz ferida que nunca mais cicatriza. É capaz de levar paz e cura aos corações sofridos. Pode gerar dor e morte. Enfim, a palavra pode ser a mesma, mas produzir efeitos inversos.

Que tal de hoje em diante não pensarmos apenas no que vamos dizer, mas na conveniência de cada palavra? Tenho certeza de que muitas vezes silenciaremos. Em outras, diremos apenas o necessário. Seja como for, nos deixaremos guiar pelo bom senso, pela verdade, pelo amor e pela paz da alma, que nunca se engana.

42. Dificuldades com a sogra

Uma jovem, certa vez, chegou dizendo que seu relacionamento estava no limite por causa da sogra. Depois de três anos de casamento, o esposo ainda insistia em dar uma palavrinha com a mãe todos os dias.

Certamente ele já expressava sinais de dependência materna antes mesmo de se casar. Se essa jovem chegou à conclusão de que deveria se unir a ele na esperança de que o marido mudaria, a frustração é compreensível. Por outro lado, ele deve ter qualidades que compensem alguns minutos diários ao telefone com a mãe. O que realmente importa?

Essa questão, no entanto, não é nova na história da humanidade. Já no mito da Criação, exposto nas primeiras páginas da Bíblia, a ordem de Deus é clara: "O homem deixará sua casa e se unirá à sua mulher." Nesse texto, a palavra "deixará" me parece fundamental. Ela oferece um conselho ou, quem sabe, uma ordem que tem a sabedoria como fundamento. Não será possível estar inteiro nessa nova fase da vida se não houver entrega.

Nem o marido nem a mulher podem ser acessórios na vida um do outro. É preciso compreender o casamento como a construção de um novo cenário, um novo ambiente, um novo mundo. Nessa nova realidade, irmãos, pais, familiares assumem o papel de coadjuvantes, e não de protagonistas.

Não se trata de negar amor aos pais que nos nutriram, nos embalaram, nos educaram. Não estou falando de abandono dos entes queridos. Lembro apenas que o amor consolidado em outras fases da vida não deve sufocar algo novo e que precisa de espaço para se desenvolver.

Honrar pai e mãe é um princípio com o qual todos nós concordamos. No entanto, essa obrigação de ligar todos os dias para a mãe não ajuda a evitar um ambiente de cobrança nem favorece o despertar de relações saudáveis. Não é racional preocupar-se mais com a família de origem que com a nova família formada com alguém que julgamos ser especial para nós.

Não me parece que essa jovem esteja sendo egoísta. Ela simplesmente está buscando uma relação que lhe traga a sensação de completude. O egoísmo é da mãe, que não permite que o filho se desligue dela. Para evitar conflito com a mãe, é compreensível que o rapaz tente administrar a situação, minimizando a importância de alguns detalhes. O sentimento da esposa, porém, deve ser levado em conta, evidentemente. Nessas situações não vejo outro caminho a seguir que não seja o do diálogo, pois ninguém convence outra pessoa com reclamações ou brigas.

43. Decidir é fundamental

Nenhum relacionamento vale a pena se não houver diálogo. É no encontro com o outro, em profundidade, que descobrimos o sabor de ter projetos em comum, ideais que nos arranquem do modo individualista de pensar a vida. Uma relação sem discussão, sem confrontos positivos e sem partilha não me parece estimulante nem muito menos realizadora.

É possível manter uma relação sem envolvimento verdadeiro por um tempo indefinido. Conheço muitos casais que vivem dessa forma. No entanto, essa atitude passiva e desencantada traz, com o passar do tempo, a certeza da mediocridade e a tristeza do vazio.

Não basta estar ao lado de alguém. É preciso sentir-se vivo e em constante interação. Caso contrário, em algum momento da vida, nos interrogaremos: "Estou neste relacionamento, mas a que preço?"

Certo dia reencontrei uma colega do colégio. Deparei com uma pessoa tensa, nervosa, que nem de longe lembrava a garota extrovertida e inteligente que conhecera. Apesar dos dois filhos adolescentes que alegravam sua existência, seus dias eram cheios de situações estressantes, por conta do relacionamento com o esposo. O sucesso profissional o tornara uma pessoa materialista, fria e intolerante. O dissabor do dia a dia levou minha colega a fazer uso de antidepressivos. Para ela, a convivência passou a ter um gosto ruim.

Hoje vejo muita gente se esforçando para manter relacionamentos falidos. O vínculo pode até durar no tempo, embora já não seja mais o amor que o sustente, e sim os inúmeros medicamentos. É preciso aprender a ouvir o próprio corpo. Muitas doenças são gritos da alma. E os ressentimentos são feridas que frequentemente permanecem abertas por um longo tempo.

O ressentimento brota da sensação de abandono em um momento importante da vida. Como relatou minha colega, quando seu segundo filho nasceu o marido lhe sugeriu que ela fosse curar sua depressão na casa da mãe. Sim, as mágoas têm suas raízes no silêncio amargo das noites de solidão e choro.

Porém, em algum momento da vida, é preciso encarar a realidade, em vez de negá-la. Esse período é fortemente marcado pelo amadurecimento e pela busca da liberdade interior. E temos sempre vários caminhos que se apresentam no horizonte dos relacionamentos. Pode-se insistir ainda mais na tentativa do diálogo, esgotando-se todas as possibilidades; pode-se manifestar com clareza a insatisfação pessoal diante do modo como se está vivendo a dois; pode-se abandonar a perspectiva de mudança do outro e cuidar dos próprios interesses, na busca da sobrevivência; e pode-se também terminar a relação.

Não sei ao certo qual é a melhor escolha. Tudo o que sei é que a falta de atitude muitas vezes acaba por nos roubar a paz e a alegria de viver. Imobilizados por nossos medos, acabamos nos fechando num círculo vicioso de morte. Por isso tomar uma decisão é dar a si o direito de voltar à vida.

44. Entre a crença e o desprezo

Todo relacionamento comporta certa dose de renúncia. Isso é natural e necessário. Vejo casos em que o homem deixa de ir ao futebol nas manhãs de domingo para fazer companhia à amada em um encontro familiar. Ela, por outro lado, renuncia a um momento descontraído com as amigas para ir com ele a um evento da empresa. São pequenas escolhas ou renúncias que demonstram amor e cuidado de um para com o outro. Nada disso causa espanto ou estranheza. Faz parte do amor e de suas expressões.

No entanto, em meu trabalho de orientação e aconselhamento pessoal, tenho acompanhado histórias que exigem um olhar mais atento e profundo. Por exemplo: o namorado de uma garota se diz ateu e se ofende quando ela fala que sonha em se casar na igreja, sob as bênçãos de Deus. Ela gosta muito dele, mas não consegue aceitar o tom irônico que o rapaz usa quando fala da religiosidade dela, e fica chateada com o fato de ele afirmar que nunca irá se casar na igreja.

Nesse caso, infelizmente, não se trata de um detalhe, mas do direito do outro de expressar a própria fé. A questão envolve a dimensão do sagrado, isto é, de Deus. A busca de intimidade com o divino empreendida por essa garota não poderá em instância nenhuma ser negada, pois ela é como um tesouro escondido que lhe garante sentido à existência. E o horizonte religioso confere, aos olhos daqueles que creem, a possibilidade de contemplação do eterno. Desconhecer essa perspectiva é restringir os contornos da esperança e da vida.

Portanto, acredito que será complicado para ela manter esse relacionamento, e não pelo fato de ele ser alguém que se denomina ateu. Conheço casais que vivem muito bem essa realidade: embora tenham disparidade de crença ou o ateísmo como elemento presente na relação, eles se nutrem de respeito na diversidade. As diferenças, então, não provocam nenhuma crise desalentadora, pois há garantias suficientes de uma atmosfera de amor que as supere e acolha.

Mas isso não acontece se alguém menospreza a convicção do outro. Afinal, o amor é sempre capaz de superar o desconforto de uma cerimônia religiosa, se isso se mostra fundamental para a pessoa amada.

Note que, para o rapaz, não basta ser ateu, isto é, negar a existência de Deus. Ele recusa qualquer aproximação com os sinais sagrados. Essa atitude talvez seja fruto de alguma ferida aberta do passado ou de mágoas religiosas. Mas uma pessoa sensata se esforça para respeitar a fé do outro.

O universo humano é mediado pelo simbólico. Muitas coisas que fazemos carecem de racionalidade plena. Elas só se justificam pela compreensão simbólica. Veja, por exemplo, que a poesia e os mitos conseguem, muitas vezes, falar de temas complexos com mais eficiência do que muitas tentativas conceituais. Na religião, os sinais apontam para realidades nem sempre compreensíveis aos olhos humanos. Isso confere aos que creem uma dimensão de transcendência.

O que essa garota deseja claramente é a bênção divina no seu casamento. Beira a crueldade negar ao ser amado a possibilidade de contato com o que dá sentido à sua vida.

45. As dimensões da vida

Nossa vida tem várias dimensões: profissional, familiar, social, pessoal. Embora estejamos acostumados a uma visão fragmentada desses aspectos, é necessário que, em algum momento, pensemos a própria vida de forma unificada, integrada.

Assim como os galhos de uma árvore não sobrevivem isoladamente, não deveríamos entender nossa vida como feita de compartimentos estanques. Somos seres em conexão com variadas formas de expressão, manifestações e relacionamentos.

Não faz sentido sustentarmos o conceito polarizado e antagônico das nossas variadas situações de vida. Se não estivermos bem com a nossa família, isso certamente afetará o nosso trabalho. Por outro lado, as dificuldades vividas dentro de uma empresa, muitas vezes, poderão repercutir em casa, gerando tensões familiares.

Somos um todo. Portanto, é fundamental que busquemos o equilíbrio. O grande segredo está em nossa capacidade de nos colocarmos por inteiro onde quer que estejamos.

Dessa forma, o importante não é o número de horas que você dedica à sua família, mas a qualidade do tempo que passa ao lado dos seus entes queridos. Essa nova postura é o que faz a diferença. Não se sinta culpado por não poder se dedicar tanto a quem você ama. Comece por não negligenciar a família nos momentos em que estiverem juntos.

Em certas fases da vida, é compreensível que a nossa atenção se volte mais para determinados aspectos que nos parecem mais desafiadores. Às vezes, será o trabalho. Às vezes, a família. Em outros momentos, será a vida acadêmica que terá mais influência. O importante é ter consciência do momento que se vive e de como isso repercute entre nossos familiares ou companheiros de trabalho.

Enfim, lembre-se de que não temos duas vidas: a profissional e a pessoal. Somos a integração das muitas e variadas dimensões do viver. E aqui vai uma dica: aproveite a existência de tantos recursos tecnológicos para se tornar presente de alguma forma.

Por exemplo: ao longo do dia, em meio às muitas atividades profissionais, encontre alguns segundos para enviar uma mensagem a alguém que você ama. Uma simples saudação, um pequeno gesto, pode garantir a quem se sentia distante e excluído uma sensação de leveza e paz.

46. As tentativas de viver no amanhã

Hoje acordei tão preocupado com tudo, que me lembrei da raiz desta palavra: "preocupado". Pré quer dizer "antecipadamente". Ocupado significa "repleto", "cheio".

Ou seja: a preocupação nos ocupa antes mesmo dos fatos e dos acontecimentos, que talvez nem venham a acontecer. E já sofremos antecipadamente. Já nos angustiamos, antevendo as desgraças consequentes de algo que, na verdade, nem aconteceu. E talvez nunca aconteça.

É um processo um tanto maluco, que muitas vezes quase acaba por nos enlouquecer. Quantas vezes passamos dias, noites, meses, anos preocupados com coisas que acabaram nunca se concretizando? Tornaram-se fantasmas interiores. Sob o peso do medo, perdemos nossa alegria, deixamos de lado a leveza da alma. E enchemos o espírito, o coração e a mente com temores e inquietações.

Se você me permite um conselho – e esse conselho serve antes de tudo para mim –, que seja este: ao fim de cada noite existe sempre um amanhecer. Não se desgaste tanto com as inúmeras preocupações em relação ao futuro. Primeiramente, porque não temos nem mesmo a certeza de que chegaremos lá. E, depois, porque são muitos os exemplos de pessoas que sofreram tanto devido à tentativa incessante de se precaver contra determinados obstáculos que, quando as dificuldades chegaram, estavam tão abatidas, tão sem vida, tão desgastadas, que já não tinham forças para lutar. Algumas, apavoradas pelo medo da morte, acabaram morrendo interiormente, antes mesmo de o fim chegar.

Nada disso vale a pena. A cada dia basta a sua preocupação. Acredite. E quem viver verá que Jesus estava certo: "Não vos preocupeis com o dia de amanhã, pois a cada dia basta a sua preocupação" (Mateus 6:34).

47. Feridas que geram feridas

Entre as coisas que tenho aprendido com o tempo, uma delas é que os sentimentos e as emoções que guardo no coração não devem contaminar os outros. Cada ser humano sente as coisas de uma maneira. Os sentimentos são diferentes, mas muitas vezes queremos que quem está ao nosso lado sinta o mesmo que nós.

Um exemplo são os casais que estão se divorciando. Muitas vezes as pessoas se separam e se tornam grandes inimigas. Começam a brigar e um deles, o marido ou a esposa, resolve pressionar os filhos para que não gostem do pai ou da mãe.

Os filhos se veem numa situação de grande conflito e, para contentar a mãe ou o pai, passam a ter comportamento agressivo em relação a um deles, só para mostrar fidelidade ao outro.

Por que envolver os filhos, as vítimas inocentes, em nossa raiva, em nosso ódio, em nossos conflitos não resolvidos?

Por que querer que os outros tenham os mesmos sentimentos que nós? Isso é insegurança. Isso é medo da solidão. Isso é raiva.

Há mulheres que ficam felizes ao verem que, depois da separação, o filho não quer mais conversar nem se encontrar com o pai. Por outro lado, há homens que provocam e incentivam nos filhos o sentimento de aversão pela mãe.

A briga é sua. Não queira transferir suas mágoas para os filhos, que não merecem sofrer ainda mais com a dor que, no fundo, já é grande demais para eles.

A recuperação interior leva tempo. O problema é que, quando as feridas estão abertas, passamos a contaminar muita gente com nossas dores e nosso mal-estar. Não transfira suas mágoas, seus ressentimentos, seu ódio para quem está ao seu lado.

Viva a sua dor. Encontre pessoas amadurecidas que possam ouvir seu grito. Mas não coloque inocentes no meio da sua tentativa de vingança. Não imponha ao outro o peso que está dentro de você. Os filhos não podem ser usados como escudo ou como lanças para atingir e ferir aqueles que nos feriram.

48. Educar exige presença

Tenho visto casos e mais casos de desentendimento entre os pais por causa do modo de educar os filhos. Por vezes, um dos pais é severo demais, enquanto o outro permite tudo, inclusive malcriações. Se esse comportamento ocorre durante a infância, é na adolescência e na juventude que as coisas se complicam, tornando-se habituais as discussões causadas pela falta de uma linha de conduta previamente acordada entre os pais.

Quanto à educação, não podemos apenas passar a mão na cabeça dos filhos e concordar com tudo. Educar exige coragem – inclusive para dizer *não*, estabelecer limites. Não se pode abrir mão de ser justo, correto, pois isso demonstra o caráter da pessoa e seus valores.

O problema está na falta de equilíbrio entre o modo de educar de um e de outro. Talvez devido à ausência de diálogo, cada um segue um caminho, na tentativa de compensar as deficiências do outro. Um, por achar que o outro é permissivo demais, vai ao extremo da rigidez. Ou então reforça o lado do "tudo pode".

É hora de um diálogo construtivo. Para isso, é necessário ter disposição, vontade, humildade. Caso contrário, cada um irá falar sozinho, insistindo que é quem está correto.

Se você não consegue mudar seu parceiro, mude você. E comece por algo bem simples: o jeito como diz as coisas. Não é tão importante o que se diz, mas o modo como se diz. Um jeito agressivo, impositivo, é sempre desagradável para quem ouve e acaba criando barreiras desnecessárias no relacionamento. É fundamental falar com delicadeza.

Um santo educador, chamado Dom Bosco, dizia: "Não basta amar, é preciso que a criança, o jovem, se sinta amado. É preciso conquistá-lo, pois ele só vai dar atenção e gostar das coisas que valorizo se antes sentir que eu amo as coisas que fazem parte do seu mundo."

Sabe como Dom Bosco fazia para que os jovens gostassem dos momentos de oração? Ele brincava no pátio da escola com eles, se divertia, estava no meio deles e se interessava por seus assuntos. Depois que se fazia amar, era mais simples pedir disciplina e empenho nos estudos. Quando nos distanciamos e não demonstramos nosso amor de uma forma simples, fica realmente difícil educar. Educar exige presença.

É preciso fazer bem a primeira parte, que é se fazer amar, para poder iniciar a segunda, que é educar. E lembre-se: sempre é tempo de demonstrar o amor que você tem por seu filho.

49. Dar uma nova chance ao amor?

No meu modo de entender, é impossível se casar achando que não será para sempre. A certeza do "para sempre", ainda que para alguns seja ingênua, traz o gosto da eternidade. No entanto, como explicar que mais da metade dos casais acabe por se separar após alguns anos de convivência?

Sei que cada história é feita também de dores, decepções e desencantos. Sem querer estabelecer qualquer julgamento ou avaliação sobre as muitas ou poucas probabilidades de sucesso de uma relação, faço apenas um comentário: alguns casais acabam se separando sem nem mesmo terem dado um tempo razoável para a superação dos obstáculos e a possível conciliação de diferentes perspectivas de vida.

Nem sempre a separação é a melhor solução. Separar-se sem ter dado a si mesmo e ao outro a oportunidade de um caminho viável e capaz de acolher dois mundos diferentes é o mesmo que impedir o crescimento de uma planta pela ausência de sol e água.

Se não foi dado o devido tempo para que esse relacionamento se desenvolvesse, amadurecesse e encontrasse novas perspectivas, separar-se será apenas adiar o momento de enfrentar as imaturidades.

Muitos dizem: "Ah! Não deu certo." Poucos dizem: "Vamos buscar, juntos, mais saídas para os nossos problemas." Não estou dizendo que você deva fazer dessa ou daquela forma. Apenas estou tentando mostrar o modo superficial como tantos casais têm buscado uma solução para seus conflitos.

O divórcio pode parecer, num primeiro momento, a saída mais óbvia e até mais simples. No entanto, algumas separações têm sido motivadas por emoções momentâneas e pela incapacidade de lidar com os desgastes da vida. Dessa forma, trocar de parceiro torna-se apenas um modo de deslocar o problema, sem jamais enfrentá-lo.

50. Ir além dos rótulos

Dia desses, enquanto eu observava o caminhar agitado das pessoas pelas ruas e as suas faces tensas, como se reprovassem a existência humana, fiquei um bom tempo pensando sobre o mistério que nos envolve. Por mais que tente se revelar, cada ser humano será sempre desconhecido e enigmático. Pessoas que dizemos conhecer há muitos anos podem sempre nos surpreender, tanto positiva quanto negativamente.

Por mais que desejemos ter o controle de tudo à nossa volta, o outro sempre poderá não corresponder às expectativas criadas e ao padrão estabelecido ao longo dos anos. Isso faz com que os nossos relacionamentos não sejam monótonos, mas sempre comportem a dimensão do inesperado.

Quantas vezes nos perguntamos: "Como será que ele vai reagir?" E por mais que digamos que tudo é previsível, muitas vezes vemos nossas certezas consumidas pelo susto, pela sensação de descontrole.

Toda tentativa de definição pronta e acabada sobre alguém se mostra frágil e inconsistente. Nesse ponto reside a superficialidade dos rótulos. Rotular uma pessoa é prova do desconhecimento da natureza humana. O ser humano é sempre passível de mudança.

Deixe, portanto, os rótulos e as inúmeras tentativas de colocar molduras e contornos onde não é possível estabelecer limites seguros. Molduras servem para quadros e arte, não para definir os limites humanos.

Você é muito mais que tudo o que já disseram de você. E mais que todas as definições que foram feitas sobre você. Assim como se sente injustiçado quando tentam reduzi-lo a um único aspecto, também as pessoas que você conhece, mesmo que inconscientemente, desejam ter a chance de se revelar maiores do que os rótulos que lhes foram concedidos.

Abra-se ao mistério que o outro é e à possibilidade de vislumbrar facetas novas no seu modo de ser e de agir. Viva o mistério e a surpresa que há em você e no outro. Isso é dar à vida a oportunidade de surpreendê-lo. Isso é sentir-se vivo. Verdadeiramente vivo.

51. O relacionamento extraconjugal

Conheço uma pessoa que é expansiva e gosta de se relacionar com amigos e amigas, com colegas de trabalho e também com a família. É casada, embora apenas por conveniência. Ou seja, não gosta nem desgosta das coisas e do marido. Acorda todos os dias para o que der e vier, procurando não se envolver com nada.

Acontece que, há algum tempo, ela teve um relacionamento extraconjugal. Não foi uma grande paixão, contudo não consegue esquecê-lo. Ela decidiu que quer mesmo se manter casada, mas continua a falar com o amante por e-mail, por telefone e por mensagem via celular, e isso a está deixando muito incomodada.

Acredito que ela deva ficar incomodada mesmo, pois está tentando encontrar um meio-termo, uma via opcional que não a levará a lugar algum, apenas encherá seu coração de remorso e culpa.

Ela afirma ter feito uma escolha, mas não é verdade. Qualquer escolha leva a determinadas perdas, e ela não se mostra disposta a encarar as perdas necessárias. Algo deve ser deixado para trás, de modo que ela, enfim, esteja inteira no relacionamento com o marido.

Muitas vezes tentamos nos enganar. Acreditamos em pactos possíveis com a mediocridade. Vivemos um faz de conta. E nada disso conduz a uma vida de alegria e paz.

Para que essa pessoa tenha paz interior, uma questão terá de ser enfrentada: quais as motivações que a levaram a optar pela continuidade de seu casamento?

Faço essa pergunta porque muitas vezes escolhemos continuar uma relação motivados por nossos medos interiores, pela pressão daqueles que estão por perto, pelo desejo de não destruir os sonhos que outros tiveram para nós, por pena de alguém ou daqueles que irão sofrer com a nossa decisão.

Ela não deveria mais justificar suas atitudes dizendo ter tido motivos para fazer o que fez, pois nenhum motivo justifica as nossas sabotagens. Ela não está sendo infiel ao marido – está sendo infiel a si mesma.

Olhar para a frente e escolher o que realmente quer e o que não quer para a vida – isso exige coragem. Esta palavra, "coragem", traz boas inspirações: ter *cor*agem é agir com o coração. É isto que significa: agir conduzido pelo amor. Para não se sentir miserável.

52. O que não tem preço?

A satisfação de comprar algo existe e é boa. Quantos não se lembram com saudades e alegria do momento em que compraram o primeiro carro? Chegam a contar em detalhes a emoção de poder usar o próprio dinheiro ao adquirirem um bem específico.

E são muitos e constantes os apelos. Estamos sempre diante da "última oferta", da "grande oportunidade", da sensação de "agora ou nunca". Vivemos imersos em um mundo consumista, no qual nunca se esgotará a lista de itens possíveis de ser adquiridos, desde o mais alto luxo até as múltiplas condições de aquisição para as classes de baixa renda.

Mas quando é que isso se transforma em um problema? Sempre que passamos a viver em função de algo que ainda não conseguimos comprar. A sensação de insatisfação é perene e aniquiladora toda vez que nos sentimos incapazes de encontrar deleite e felicidade em algo que esteja além do consumo. Quando perdemos o gosto pelas coisas mais simples da vida e substituímos os sentimentos que deveriam ser devotados às pessoas pela ganância de possuir coisas.

É a angústia de querer sempre mais. E "tudo" parece nunca ser o bastante. Passamos a pautar até mesmo os relacionamentos por uma visão utilitarista. E, apegados a tudo, muitas vezes perdemos a paz interior.

E quem tem muita coisa acaba por não ter nada de importante. As pessoas mais felizes que conheço não são as mais ricas nem as que realizaram todos os seus sonhos de consumo. As pessoas mais felizes que conheço são as que conseguiram dar sentido à sua vida.

Dar sentido à vida começa com as coisas mais simples: buscar pequenos progressos diários; falar com carinho de si mesmo; procurar tarefas e lazer que utilizem as próprias habilidades; priorizar as relações mais próximas; cuidar da espiritualidade; cultivar a esperança e os pequenos gestos de amor. Isso, de fato, não tem preço e jamais poderá ser comprado.

53. Romper com a tristeza

Alguém me perguntou certa vez qual era o meu lema de vida. Eu não tinha nenhum e fiquei pensando sobre o que a vida tinha me dado como conhecimento e se seria possível traduzi-lo em uma única frase.

Passados alguns dias, voltei à tentativa de encontrar uma resposta à questão e percebi que muitas frases e pensamentos de fato me povoavam a mente. Escolhi um deles ao recorrer às anotações dos meus tempos de seminário salesiano. No caderno envelhecido, uma frase me chamou a atenção pela intensidade com que a sublinhei: "Aquele que nunca viu a tristeza nunca reconhecerá a alegria" (Khalil Gibran). Então fiquei pensando longamente sobre a alegria e o seu avesso. Toquei a tristeza e suas marcas sem pudor ou constrangimento.

A tristeza faz parte da vida, assim como o riso, o sonho, as decepções e as perdas. Fazer parte da vida não significa, porém, ocupar todos os espaços da existência. A tristeza, como qualquer outro sentimento humano, tem seu momento, mas não pode se tornar o pano de fundo de nossos dias.

A Bíblia diz: "A tristeza matou a muitos" (Eclesiastes 30:25). Ela tem o poder de corroer o coração e de roubar as cores da vida. Ela esconde a luz do sol e traz ciladas e mistérios próprios da escuridão.

"Fuja das tristezas e das suas emboscadas", dizem os sábios. Escapar da tristeza exige disposição, decisão e vontade. Há os que escolhem cultivá-la, nutrindo-a interiormente, fazendo um esforço para justificar sua permanência. Há, também, os que se acostumam a ter a tristeza como companheira. Estes não se imaginam criaturas livres e com possibilidades de felicidade.

Por isso, romper com a tristeza exige fazer uma escolha. E quem decide voltar à vida não mais aceitará os medíocres confortos da infelicidade. Sim, nós, seres humanos, temos uma enorme capacidade de adaptação. Voltar à vida é dar a si motivos e razões para recomeçar. Enquanto a tristeza é imobilizadora, voltar a viver é uma experiência dinâmica e surpreendente.

Ela pode começar com pequenos passos: fazer uma caminhada pela manhã; visitar alguém que há muito tempo não vê; plantar flores num canto do jardim; dedicar algumas horas a um projeto de caridade; fazer parte de um grupo de reflexão. Enfim, redescobrir o prazer e a alegria das coisas simples.

O segredo da alegria está dentro de nós e nas coisas mais singelas da vida.

54. Dar tempo ao tempo

Um amigo me escreveu dizendo que tinha se divorciado. Ele contou que, apesar de ter se preocupado em deixar a ex-esposa e a filha bem-amparadas financeiramente, isso não estava amenizando os problemas decorrentes da separação.

Quando estamos feridos, muitas vezes acabamos envolvendo pessoas inocentes em nossos confrontos. No desejo de não nos sentirmos sozinhos, cobramos a solidariedade daqueles que estão próximos. Dessa forma, os filhos podem ser usados como flechas ou escudos. E a filha dele, influenciada pela mãe, dizia sentir ódio do pai. O que a ex-esposa estava fazendo é muito comum em separações traumáticas ou litigiosas.

Somos seres com defeitos e fragilidades e queremos ser amados. Por nossa inabilidade em enfrentar a dor e o abandono, passamos a sentir conforto quando o filho demonstra uma espécie de fidelidade a nós, assumindo nossos sentimentos de raiva e indignação em relação ao outro. O problema é que, enquanto nossas feridas não cicatrizam, costumamos arrastar outras pessoas conosco.

Nem sempre esse processo é racional. Acabamos vítimas de nós mesmos, nossas sabotagens, nossas inseguranças, nossos medos. Leva tempo para a ficha cair. É preciso conversar, e perceber que a vítima, nesse caso, é a filha que ambos amam.

Uma mulher recém-separada não está em sua melhor forma, não está emocionalmente bem. Talvez seja melhor dar tempo ao tempo.

Por isso não posso dizer se a situação que meu amigo está enfrentando é justa ou não. Nesses casos, nenhum julgamento seria objetivo. Trata-se, na verdade, de uma situação na qual três pessoas machucadas pela vida, pelas circunstâncias, não estão sabendo lidar com suas emoções e com os novos desafios da realidade que se apresenta diante dos olhos.

Ele, que se sente julgado por suas atitudes do passado, deve agora deixar de olhar a vida pelo retrovisor e tomar atitudes das quais a filha possa se orgulhar no futuro. Como adolescente, ela não compreende tudo o que uma relação entre duas pessoas envolve. Mas, um dia, entenderá.

Nessas horas, brigar com a realidade, ferir ainda mais os que já estão feridos não é o melhor caminho. Silenciar, às vezes, é a melhor forma de esperar o tempo acalmar as coisas. O tempo, de fato, cura muitas feridas.

55. O medo da solidão

Uma quantidade considerável de pessoas está mergulhada em relacionamentos que poderíamos definir como confusos. Elas estão continuamente em conflito, pois não veem com clareza se há ou não perspectiva de futuro. No caso específico que vou contar, não há dúvida: o fim é apenas questão de tempo.

Uma moça tem um caso com um rapaz, mas já sabe, de antemão, que ele só quer uma aventura. Ele, porém, é envolvente e agradável e, por mais que ela tente, não consegue terminar a relação e esquecê-lo.

Agora, vamos considerar: conseguir ou não esquecê-lo é algo que não dependerá dela. A memória tem caminhos próprios que seguem independentemente da nossa vontade ou das nossas intenções. Portanto, ela não deve gastar tempo tentando esquecer. Deve cuidar, sim, daquilo que é objeto de escolha e possibilidade de superação do impasse.

Ela não está sendo enganada, e isso já é mais do que muitas mulheres recebem dos seus parceiros. No entanto, eu não a aconselharia a manter essa situação por muito tempo. Acredito que, aos poucos, ela se sentirá exausta, pois qualquer relacionamento demanda certa dose de empenho. Nesse caso, não havendo ponto comum para o qual dirigir o olhar, a tendência é que a sensação de frustração, desencanto e esforço solitário acabe por tirar o brilho da paixão que hoje sustenta a relação.

Quando há disparidade no nível de envolvimento de um casal, torna-se cada vez mais evidente a hipótese de rompimento. Embora qualquer dissolução seja dolorosa, nem sempre é indesejável. Em certos casos, pode trazer a sensação de alívio e paz.

O que impede, afinal, o término de um relacionamento que se mostra insatisfatório? Esse é o ponto central a ser analisado. Há casos em que as perdas materiais são especialmente significativas, fazendo com que as pessoas se acomodem à situação. Não creio que seja o caso dessa moça.

Há outras situações em que amigos e familiares exercem forte influência, mostrando apoio e gerando cobranças indiretas. Também não acredito que esse fator interfira aqui.

Resta-nos, então, uma possibilidade: o medo da solidão. Nesses casos, a ausência de uma alternativa atraente, isto é, de alguém que, de fato, ofereça perspectivas de um relacionamento saudável e próspero, leva a pessoa a manter uma relação que não é nada compensadora. Alguém, uma vez, me expressou isso da seguinte forma: "Enquanto não encontro a pessoa certa, vou me relacionando com as erradas."

Adiam-se os sonhos de casar e ter filhos, de um projeto comum de amor, na tentativa de adequar-se aos contornos empobrecidos de um quadro sem vida e sem emoção. Na tentativa de se proteger das garras da solidão, paga-se um preço alto nos pactos silenciosos de conservar relacionamentos falidos.

Talvez o que falte não seja alguém, mas um envolvimento que garanta o direito de amar e de sentir-se amado. Às vezes é preciso ir ao fundo do poço para encontrar ali forças que possibilitem voltar à superfície. Há momentos em que é preciso consumir e se consumir, indo ao mais profundo de nós mesmos e tocando nossos limites.

Pela consciência dos fatos que essa moça revela ter, acredito que ela saberá o momento certo de voltar à vida, recomeçando em outra direção. E o futuro?, perguntarão alguns. Prefiro recorrer às palavras do escritor russo Nikolai Gogol: "A única coisa que vale a pena é fixar o olhar com mais atenção no presente; o futuro chegará sozinho, inesperadamente."

Então, faça a sua parte e se permita ser surpreendido pelo inesperado que, sem dúvida, virá.

56. O valor da disciplina

Disciplina vem da palavra latina "ensino". Disciplina e ensino têm a mesma fonte, a mesma raiz. A disciplina é sempre fundamental ao ensino, ao processo de aprendizagem. Talvez todos nós concordemos com relação a esses conceitos. No entanto, a prática parece se distanciar enormemente da base teórica.

Não são poucas poucas as vezes que vejo professores perdidos entre variados métodos educativos, abandonados aos desafios de uma sala de aula. Disciplina parece não fazer parte de um dicionário comum. Vejo pais com medo de pronunciar a palavra, por não quererem correr o risco de ser tachados de antiquados, desconectados do mundo moderno.

Você já ouviu falar de algum vencedor que não tenha levado a sério a questão da disciplina? Conhece algum atleta de destaque que tenha alcançado a glória sem sacrificar muitos momentos de lazer e inúmeros encontros com os amigos? Nas suas palavras, quando comemoram mais uma conquista, sempre ouvimos frases como: "Eu tive de me dedicar muito." Ou: "Foi preciso ter muita disciplina." Em geral, esses atletas concluem dizendo: "Mas valeu a pena."

Você já conheceu algum aluno que tenha recebido bons resultados acadêmicos sem ter sacrificado alguns ou, quem sabe, muitos finais de semana entre livros, pesquisas e cálculos?

Ninguém vence sem disciplina. Não se chega ao sucesso sem regras claras. Enganam-se os pais ou professores que desejam ser queridos por não impor limites.

Você, assim como eu, admira pessoas que se destacam pelo caráter, pela postura clara, pela capacidade de estabelecer e perseguir objetivos. E, como eu, também se inspira em sua conduta.

Não há sucesso sem disciplina. Então, se você deseja o sucesso para aqueles que hoje dependem de você, mostre a eles a realidade. Apresente-lhes a necessidade de cumprir prazos. Exponha com clareza as regras da casa. Fale das exigências do ambiente profissional. O diálogo unido à prática leva a bons resultados.

Mas, se você quiser um conselho ainda mais concreto para a questão "Por onde começar?", eu diria: comece incentivando seu filho a arrumar a própria cama, logo pela manhã. E cobre isso diariamente até que não seja mais necessário. Esse é um modo inicial de lembrá-lo de que no decorrer dos seus dias ele vai precisar de organização, ordem e disciplina.

Comece por coisas simples. No final das contas elas terão grande valor.

57. Mães que choram por seus filhos

Conheço várias mães que choram por seus filhos, que estão envolvidos com drogas ou bebidas, mergulhados num mundo escuro e sem vida. Conheço também outras que tentam desesperadamente proteger seus filhos desse universo assustador. Nas suas inúmeras tentativas, nem sempre bem-sucedidas, elas continuam acreditando que os filhos ainda têm jeito, que ainda há esperança.

Diante da realidade que vivemos, eu me pergunto: que fatores levariam alguém a buscar refúgio nas drogas? Por que, apesar de tantas campanhas de conscientização para uma vida mais saudável, o tabagismo e o álcool continuam tão presentes na vida de milhões de pessoas? Que força teria um vício, a ponto de alguém não conseguir superá-lo nem pelo medo, nem pelo amor? Que força é essa, capaz de aprisionar os corações mais desejosos de liberdade?

A psicologia tem ajudado a esclarecer essas questões ao apresentar fatores sociais determinantes que influenciariam as pessoas em alguns contextos. As religiões têm procurado estabelecer uma relação entre a ausência de um sentido para viver e as formas de anestesiar a mente com substâncias químicas. A ciência tem tentado apontar elementos genéticos que levariam à propensão de um indivíduo a determinados tipos de vícios.

São muitas as tentativas de explicação. Não sei definir ao certo qual delas é a mais acertada, se é que fazer isso é possível. O que sei é que todos os que estão ao lado dessa pessoa que foi buscar o caminho mais difícil – isto é, o dos vícios – também sofrem muito e acabam pagando um preço muito alto.

Conheço uma mãe que sofre com seu filho. Durante as muitas internações do rapaz por causa das drogas, ela fez uma grande descoberta: por mais que ela o ame, pode ser que esse amor nunca seja capaz de libertá-lo. Ela então passou a aceitar os próprios limites. Se até Deus, que é todo-poderoso, permite que determinadas coisas aconteçam aos seus filhos amados, que outra postura ela poderia ter? Justamente ela, que é um ser imperfeito?

Se você vive algo semelhante em sua família, lembre-se de que de nada valerá tentar saber onde foi que você errou. Aprenda que, nessas situações, a lógica da culpa ou do erro não consegue necessariamente apontar caminhos para um horizonte de superação. Sem culpa, com consciência dos seus limites, talvez você possa enfim compreender que sua maior ajuda é mostrar-se forte, capaz de dizer sim e de dizer não, de estabelecer limites. Afinal, a vida de um adulto pertence a ele mesmo, por mais que desejemos que tudo seja diferente.

58. Quando os sonhos não coincidem

Um dos grandes problemas da diferença de idade em um relacionamento ocorre no descompasso do que cada um espera da própria vida.

Uma jovem namora um homem bem-vivido e pai de duas meninas. Embora afirme que gosta muito dela, ele não se decide. Muitas vezes age de modo leviano, pois some e aparece sem dar nenhuma satisfação. Parece fugir sempre que os laços se estreitam, adiando indefinidamente a realização do sonho dela, que é se casar e ter filhos.

Se pensarmos duas vezes sobre o que acontece nos namoros, logo deduzimos: os sentimentos desempenham um papel apenas relativo, se não secundário, em nossas escolhas. São importantes, mas, normalmente, não constituem o motivo da nossa decisão.

Diante do exposto, não seria o caso de perguntar a essa jovem de quanto tempo ela vai precisar para perceber que ele não quer nada mais sério? Essa história de "some e aparece" é, no mínimo, sintomática. Quando alguém está, de fato, disposto a viver a vida com outra pessoa, procura dar sinais claros do seu interesse. Não é o que tem acontecido nesse caso.

Infelizmente fomos acostumados a acreditar que jamais devemos perder a esperança. É um grande engano. Desistir, muitas vezes, é o único meio para recuperarmos a dignidade. De nada vale a perseverança no caminho errado, que só nos leva para mais longe do porto seguro no qual deveremos nos fortalecer para retomar a viagem.

Se alguém me perguntasse se ela deveria ter esperança em tal relacionamento, minha resposta só poderia ser uma: não. Casar e ter filhos não faz parte dos sonhos desse homem. Insistir nesse namoro certamente resultará em frustração e no sentimento de inadequação diante de um mundo que se mostrará cada vez mais limitado e sufocante.

A possível esperança dessa jovem está mais próxima da ilusão. É melhor olhar para os sonhos enquanto eles ainda existem e buscar apenas o que vale a pena.

59. A conquista de novos horizontes

Sempre haverá quem não goste de nós. Independentemente de tudo o que eu ou você possamos fazer para conquistar o outro, ele muitas vezes poderá reagir mal às nossas expressões de cuidado, carinho e ajuda.

Iludem-se os que buscam unanimidade. Um dia ou outro surgem os descontentes, ávidos por nos censurar. Em alguma esquina da vida, haverá sempre alguém pronto para nos surpreender com alguma crítica severa e, por vezes, desumana. Jamais conseguiremos conquistar todas as pessoas.

Por isso, fazer o bem e agir corretamente não é garantia de ser preservado dos comentários destrutivos. Mesmo que a sua intenção seja a melhor do mundo, existirão pessoas insatisfeitas tentando encontrar alguma maldade naquilo que você jura que é apenas amor.

Não se deixe impressionar pelos pessimistas de plantão. Não se deixe abater pelos que vivem tentando destruir o que você faz de bom. Eles já se destruíram a si mesmos. Sim, toda pessoa que só consegue ver maldade e má intenção em tudo é tão infeliz que não suporta a luz que emana da bondade. Torna-se cega diante de qualquer sinal do bem e de suas obras.

Assim como seria ridículo alguém tentar apagar o sol, é impossível apagar a luz da bondade, e os que tentam se tornam igualmente dignos de pena. Então, não tenha mais nenhuma preocupação com os que se mostram hostis às suas boas ações. Deixe-os brigando contra os seus moinhos de vento.

Que a sua vida seja um olhar sempre adiante. Abra os braços e aproveite esse gesto para acolher simbolicamente toda a humanidade. Com suas maravilhas e grandezas e com suas mesquinhas manifestações humanas. Abra os braços e caminhe. Busque novos horizontes.

60. Quando o casamento se aproxima

Para algumas pessoas o tão sonhado e aguardado dia do casamento, mais do que uma alegria pela data importante que se aproxima, pode soar como uma sentença anunciada num clima de tensão e desespero.

Muitas vezes amamos demais alguém, mas nem sempre isso é suficiente para nos manter equilibrados e saudáveis ao lado da pessoa amada. Alguns amores são inconciliáveis, por mais estranho que possa parecer.

Certas perturbações comportamentais apresentadas por pessoas muito nervosas e ansiosas – causadas por traumas vividos na infância ou na adolescência, ou mesmo por doenças – podem criar grandes conflitos quando elas têm de encarar momentos decisivos na vida.

A descoberta de transtornos psicológicos do companheiro às vésperas do casamento exige muito discernimento e sensibilidade de ambos os cônjuges. Realmente é desconcertante, sendo aconselhável procurar ajuda profissional. Ao mesmo tempo que se deseja acreditar que tudo vai dar certo, de repente a realidade se mostra assustadora. Então os dois esperam que Deus resolva uma situação para a qual se sentem inábeis.

Surgem questões como: terei disposição para conviver com uma pessoa que parece tão diferente da que habitou meus sonhos e meu cotidiano até agora? Haverá alguma mudança por parte dele? Existem motivações suficientes que me levem a assumir um relacionamento definitivo, apesar de tudo?

Considere a hipótese de que poderá não ocorrer nenhuma melhora em curto prazo. O que acontecerá, então? Nessa hora, a fé poderá ser uma grande força, mas também uma grande fraqueza. Força, se ela trouxer uma visão mais ampla da vida. Fraqueza, se ela for o esconderijo de medos.

Nesses casos em que uma decisão afetará toda a vida, na dúvida é melhor esperar, dar um tempo, para que ninguém sofra consequências mais sérias depois.

61. Migalhas não bastam

Hoje, com a lei Maria da Penha, muitas mulheres estão conseguindo ver uma luz no fim do túnel. Elas enfrentam uma verdadeira via-sacra antes de decidir dar um basta às agressões físicas ou psicológicas que sofrem há tanto tempo. Então acontece a separação do casal, certamente carregada de traumas. E essas mulheres têm de conviver com o vazio interior provocado por tanto sofrimento.

Depois de um período muito tumultuado, começa a nascer a esperança de encontrar um pouco de paz e, com muita sorte, um merecido ombro companheiro. Sim, porque todo mundo quer e merece ser feliz.

Em contrapartida, todo mundo à volta dessas mulheres se sente no direito de dizer o que elas devem fazer da vida. Os filhos querem que elas apenas continuem a cuidar deles. Os familiares não aceitam que elas tenham um novo relacionamento. As pessoas próximas não acreditam que elas possam ter qualquer outra relação amorosa. E ainda dizem querer somente o bem delas.

Eu não duvido do amor dessas pessoas. Mas tenho certeza de que elas estão sendo muito egoístas também.

Agora é hora de essas mulheres assumirem as próprias vidas e dar a si mesmas o direito de serem tratadas com dignidade. Elas não podem continuar a viver de migalhas. Ombros companheiros, amorosos, que as respeitem, são uma aspiração lógica e saudável.

Essas mulheres devem encarar com garra as novas oportunidades que surgirem, pois não estão condenadas nem por Deus nem por ninguém a viver uma vida miserável. De cabeça erguida, devem enfrentar todos os obstáculos. Pela primeira vez, elas não têm de se sujeitar a obedecer. E nunca mais terão de aceitar viver de migalhas.

62. Só por amor e pelo amor

O apóstolo Paulo diz em sua Carta aos Filipenses: "Nada façais por ambição ou vanglória, mas com humildade tende os outros como melhores. Ninguém procure o próprio interesse, e sim o dos outros. Tende os mesmos sentimentos de Cristo Jesus" (Filipenses 2:3).

Esse texto estabelece uma conexão íntima entre humildade e caridade. Para ser verdadeira, uma não pode existir sem a outra. Caso contrário, cairíamos naquilo que Jesus frequentemente condenava na atitude dos fariseus: "Bonitos por fora, mas podres por dentro" (Mateus 23:27).

Alguém pode se exibir diante dos outros usando de falsa caridade. Mas a caridade autêntica deve ser fruto de um coração que ama sinceramente. Por isso, às vezes, dizemos: "Deus vê a intenção, e não o resultado."

O diferencial da boa obra é a profunda motivação que colocamos nas realizações. Santo Afonso costumava contar a história de um velho religioso que trabalhou muito para Deus e morreu como um santo. Um dia, depois de olhar para o seu passado, disse, triste e muito preocupado: "Pobre de mim! Examinando todas as ações da minha vida, não acho nenhuma que tenha feito só para Deus."

Santa Teresa d'Ávila insistia com suas irmãs de convento que quem praticasse uma ação só pela glória de Deus não se perturbaria caso não fosse bem-sucedida. Pois tendo agido com reta intenção de agradar a Deus, já terá alcançado o fim que desejava, explicava ela.

A grandeza não está naquilo que se faz, mas na intenção que se coloca ao fazê-lo. Se for para agradar a Deus, se for com o desejo de que o outro seja verdadeiramente feliz, se for fruto de um coração que ama, trará paz. Por tudo isso, convido você a parar um pouco e a examinar o modo como tem feito caridade.

Portanto, não se preocupe tanto com o resultado das coisas que faz. Pense mais e se esforce para que tudo seja por amor e para agradar a Deus. Se você fizer assim, no final da sua vida, tudo terá valido a pena.

63. Filho não faz milagres

Vejo casos e mais casos de mulheres que sonham com o casamento e com a maternidade. Às vezes, me dá a impressão de que muitas delas têm uma ideia fixa e acabam não se preocupando em conhecer a fundo o companheiro, que é fundamental. Durante o namoro, é preciso analisar os comportamentos típicos do outro nas diversas situações do dia a dia.

Se os problemas só começarem a aparecer depois de casados, é porque o casal não estava preparado para a vida a dois.

Passados cinco anos de convivência, o rapaz não se desvencilhou do lar materno, envolveu-se com bebida e saiu com outras mulheres. Aí a esposa resolve consertar tudo engravidando. Pode isso?

Até parece que está em busca de um milagre. Dá para entender, pois ela é uma pessoa de fé. No entanto, isso significa também que ela tem consciência de que as coisas estão chegando ao limite da sua capacidade para lidar com os acontecimentos.

Não duvido do esforço e da vontade dela de fazer com que esse relacionamento melhore. Mas, se o combate está sendo em vão, já que os sinais não têm se mostrado confiáveis, por que insistir em ter um filho com esse homem?

Ter um filho nessas condições é, no mínimo, irresponsável. Algumas mulheres insistem em engravidar na esperança de ver solucionados seus conflitos afetivos e relacionais. Filho não foi feito para resolver questões malresolvidas. Não conheço nenhum relacionamento conflituoso que tenha encontrado a paz desejada com a chegada de um filho.

Quando alguém me diz não saber o rumo da própria vida, costumo sugerir uma direção: comece enfrentando a realidade. Não se esconda, não negue a verdade e pare de buscar respostas mágicas. No caso que relato aqui, milagre ou filho. A pessoa deve analisar se, de fato, a relação ainda é viável.

Se o esposo se envolve com outras mulheres, com bebida, com drogas e além de tudo mostra desinteresse pela esposa, é sinal claro de que ela não é prioridade no casamento.

Se o homem tem buscado tantas coisas para preencher o vazio que sente e se a mulher não pode ser para ele um porto seguro, está na hora de ambos redescobrirem seu papel nesse casamento.

Há evidências decisivas e importantes de que a luta para defender a união dos dois está sendo travada de forma solitária, e se ambos não estiverem juntos nesse esforço, só mesmo um milagre será a solução.

64. Ser bem-sucedido

O que significa ser bem-sucedido? Faço essa pergunta porque algum tempo atrás ouvi uma frase que me fez repensar o conceito de sucesso. E não pense que foi algo dito pelos grandes gurus do marketing ou por algum palestrante renomado nos ambientes acadêmicos. A frase veio de uma senhora simples e sábia: "Eu sou uma empregada doméstica bem-sucedida." Ela realmente me ensinou que ser bem-sucedido ultrapassa qualquer conceito de sucesso, status, fama, dinheiro e poder. Ser bem-sucedido é sentir-se realizado naquilo que faz.

Sentir-se feliz, útil e participante de algo que faz sentido e gera prazer, eis o verdadeiro sucesso. Isso significa transformar o trabalho em algo tão nobre e realizador que justifique chamá-lo de missão.

E no conceito de missão está subentendida a dimensão mística e espiritual do nosso esforço diário. Não quero simplesmente cumprir as horas previstas num contrato que me obriga a exercer determinada função. Quero ir além, quero me sentir realizador de uma obra que torna este mundo um lugar melhor.

Talvez seja esse o sentido das palavras de Confúcio: "Escolha um trabalho que ama, e não terá de trabalhar um único dia na vida."

Nesse ponto, acredito ser necessário lembrar a raiz da palavra "trabalho". Vem do latim *tripalium*, isto é, instrumento de tortura.

Trabalho sem amor é, de fato, um instrumento de tortura que gera angústia e, por vezes, agonia. Basta ver o número de doenças típicas dos ambientes corporativos adoentados e agonizantes.

Quando alguém me diz que acorda na segunda-feira já contando os dias para o próximo fim de semana, sei que essa pessoa está na contramão da realização profissional e que terá pela frente dias de intensos tormentos emocionais. Em alguns casos, chego a sugerir uma mudança de emprego. Em outros, noto que qualquer mudança será inútil sem uma transformação no modo de compreender o conceito de trabalho. Nesses casos, a mudança interior deverá anteceder qualquer outra.

65. O dilema da traição

Reconhecer os próprios erros é nobre. Viver se martirizando por causa deles é inútil. Se você já viu onde errou e aprendeu ao corrigir seu engano, certamente se tornou um ser humano melhor. Daqui para a frente, não estrague tudo, jogando fora a oportunidade de viver bem.

A traição em um relacionamento é como um vaso de cristal quebrado: não adianta querer dizer que não houve nada ou que tudo será como antes. Isso não existe. O que não quer dizer, no entanto, que será pior. Será diferente. Apenas isso. Diferente. Tudo dependerá de como a reconstrução desse vaso será aceita. Se a razão da existência desse vaso for ostentar a todos a pureza do cristal, então não será mais possível. Mas se o motivo da existência desse vaso não for evidenciar a própria beleza, ele ainda exibirá as flores que poderá receber, dando vida nova à casa.

As reações ou atitudes após a traição não estão confinadas a uma solução matemática. Pelo contrário: dependerá da capacidade de cada um de superar o ocorrido e superar a si mesmo.

Não cabem ilusões. A ferida ainda irá doer por muito tempo. No entanto, prefiro acreditar na assertividade do filósofo latino Sêneca: "Aquilo que foi doloroso suportar torna-se agradável depois de suportado; é natural sentir prazer ao final do próprio sofrimento."

Então, não vale a pena policiar dia e noite seu companheiro. Isso não vai ajudar a superar a situação. Perdoar, muitas vezes, leva tempo. É algo que terá de ser renovado todos os dias.

Se já foi superada a fase do perdão, agora virá o desafio de voltar a confiar. Isso também leva tempo. Conversar é fundamental. Um casamento precisa de diálogo e confiança.

Abrace a sua dor e renove o perdão a cada dia. Gaste tempo com as coisas e os gestos que poderão nutrir seu coração e o coração de quem você ama. A vida perfeita só pertence aos contos de fadas. E estes terminam antes mesmo de começar, dizendo: "... e viveram felizes para sempre." A sua vida é imperfeita porque é de verdade. Viva essa verdade.

66. Não se deixe abater pela indiferença

Perto da minha casa existe uma grande loja de material de construção. Um lugar onde se pode encontrar todo tipo de solução para os problemas de manutenção de uma residência. O estabelecimento abre aos domingos e feriados. Essa motivação toda me levou até lá numa tarde de sábado. Para a minha surpresa, o atendimento se mostrou decepcionante. Tive a impressão de que o mau humor era condição essencial para conseguir uma vaga de emprego ali. Dei meia-volta, sentindo-me derrotado por mim mesmo.

Como poderiam aquelas pessoas ter tal poder sobre mim, a ponto de também me deixarem mal-humorado? Quem seriam esses seres capazes de mudar o tom do meu dia? Fiquei um tempo em silêncio e resolvi regressar ao ambiente hostil.

Parei na porta e pensei: "Não posso me deixar vencer pelo que encontrei aqui. Tenho de descobrir algo que devolva o meu bom humor e a minha leveza."

Resolvi então criar um jogo. Foi o seguinte: iria escolher quem eu queria que me maltratasse. Se não podia mudar o comportamento agressivo daqueles atendentes, tinha ao menos o poder de escolher quem eu queria que me maltratasse durante o atendimento.

“Vou escolher aquele de bigodinho”, disse a mim mesmo, com bom humor. E fui ao encontro dele. Não encontrei nenhum sorriso, nenhum sinal de delicadeza, nenhum entusiasmo com uma possível compra de minha parte. Apesar de tudo, num ambiente tenso e áspero, lá estava eu, dando-me a oportunidade de, ao menos, ter uma escolha.

Voltei muitas vezes a esse estabelecimento comercial. Os funcionários não mudaram e, certamente, nunca agirão de modo cativante. No entanto, eu mudei. Afinal, colocar as chaves do nosso humor e da nossa emoção nas mãos dos outros é sempre perigoso e pode nos deixar presos em algum canto escuro da vida.

Quero ser livre e não me deixar abater pela indiferença alheia. Seguirei adiante e retornarei sempre, sem mágoas nem incômodos. Pessoas de quem não sei nem mesmo o nome não poderão determinar o rumo do meu dia. Dessa forma, a liberdade pessoal me faz cidadão do mundo. Seguirei adiante.

67. Amar a si mesmo

Existem palavras e pensamentos que alavancam a vida das pessoas.

O cuidado de si mesmo, por exemplo. Em todos os sentidos, essa deve ser uma ideia sempre presente: descobrir-se, acolhendo seus dons, suas qualidades e se valorizando. Não se trata de vaidade, arrogância ou convencimento, mas de sentir um grande respeito por aquilo que você é.

Há muitas formas de não amar a si mesmo. Você não ama a si mesmo quando ridiculariza suas atitudes. Você não ama a si mesmo quando aceita se relacionar com alguém que o diminui, que o deixa com a autoestima diminuída e, pior, submete-se a todas as vontades desse alguém, anulando-se, subjugado a um relacionamento que aprisiona e leva à morte interior – sem ter voz nem opinião.

Você não ama a si mesmo quando escolhe acreditar que não merece amor. Ou quando escolhe qualquer um que apareça à sua frente, como a solução para a insuportável solidão.

Vejo todos os dias casais solitários e infelizes, pessoas que estão morrendo no abandono e no desprezo, mesmo tendo alguém fisicamente ao lado. Não existe, porém, sintonia de alma, de espírito, de vida.

Outro dia falei com uma garota que estava triste pelo fim de seu namoro com alguém que jamais a respeitara. Eu lhe disse: "Se na sua vida não aparecer ninguém que realmente valha a pena, fique sozinha. Pois quando a gente se ama de verdade, não aceita mais ter 'qualquer coisa' ao lado!"

Ela sorriu, aliviada. A falta de valorização pessoal é expressão da falta de amor a si mesmo. Quer ver outros exemplos?

Seu parceiro está cansado e mal-humorado. Você se pergunta, angustiada: "O que eu fiz de errado agora?" Não, não tem nada de errado com você! O mau humor é dele, só dele.

E quando o casamento termina e fica aquela sensação de fracasso? Ora, depois de trinta anos juntos, não é porque o relacionamento acabou que tudo tenha de se resumir ao fracasso ou à descoberta de um culpado! Valeu enquanto durou. Fracassadas são as pessoas que, infelizes em seus relacionamentos, insistem em ficar juntas.

Decida-se. Comece a amar a criatura mais importante deste mundo: você. Não importa pelo que você passou. Hoje pode ser o primeiro dia do resto da sua vida.

68. Escolher sempre a verdade

As pessoas que nos amam muitas vezes nos dizem coisas duras. Há até as que nos fazem chorar em alguns momentos da vida, por nos mostrarem verdades que incomodam.

Passado algum tempo, nos lembramos com emoção e carinho dessas pessoas que tiveram a coragem de desafiar nossas certezas ou de expor, com ternura, nossas fragilidades.

Ficamos eternamente agradecidos, num determinado momento da vida, às pessoas que nos ajudaram a amadurecer. Por outro lado, não nos lembramos com a mesma admiração daquelas que se omitiram em situações importantes.

Não sentimos gratidão por aquelas que ficaram em silêncio na tentativa de nos preservar de determinada dor ou de uma decepção.

Portanto, eu quero lhe dizer agora: se em algum momento da vida você disse algo verdadeiro a alguém e esse alguém nunca mais falou com você, fique sossegado. Não perca a paz da sua alma. Você fez o certo. Mesmo que isso tenha lhe custado muito caro e até lhe trazido grandes aborrecimentos.

Se precisar decidir, escolha sempre dizer a verdade. Não há nada que pague a paz da alma.

69. Um amor não correspondido

Como é difícil viver um amor não correspondido! Amar alguém que não nos ama provoca uma grande dor. Esse fato é agravado pelo vazio existencial do qual nenhum ser humano escapa. Todos nós, de uma forma ou de outra, temos de conviver com as nossas limitações, com a sensação de incompletude.

Nesse momento, passamos a entender equivocadamente que o relacionamento é a cura, o preenchimento interior de tudo o que nos falta. Atribuímos ao outro o poder de nos resgatar, de nos salvar, de nos arrancar de uma vida sem graça e sem motivações. Colocamos essa responsabilidade nos ombros do parceiro e, no período da paixão, acreditamos piamente que ele é a resposta para todas as nossas questões até então malresolvidas.

Se esse processo já é complicado quando somos correspondidos numa relação de amor, imagine quando os nossos planos são frustrados pela ausência de interesse da outra parte. Voltamos ao ponto de partida. Machucados e sozinhos. Amedrontados pelo vazio que sonhávamos ter preenchido pelo amor desse alguém que, na verdade, nos rejeitou.

E acabamos por chegar à conclusão de que somos infelizes porque o outro não nos quis como parceiro. O desespero pode ser tão grande a ponto de nos cegar. Iludidos, muitos optam por viver de migalhas.

E então passam a vida se humilhando, na busca aflitiva de um pouco de atenção de pessoas que não os querem. Nessa busca há os que nunca mais se abrem a novos relacionamentos, tornando-se obcecados por um único modo de se sentir amados. E o pior: consomem seus dias cultivando a saudade de algo que nem aconteceu na vida real. Sentem falta de algo que não viveram.

Se você se identificou com essas palavras, é sinal de que chegou o momento de deixar de viver à espera de um amor que não lhe dá importância. Não haverá nada nem ninguém no mundo capaz de preencher o vazio que você traz no peito. Até os que têm um amor correspondido em algum momento percebem que o vazio existencial não se preenche com a presença do outro. Esse vazio se preenche de dentro para fora.

Não está no outro – muito menos no outro que não o ama – a resposta para a sua felicidade. Se há um lugar onde a felicidade pode ser encontrada, é no seu universo interior – e apenas nele. No mergulho interior está a possibilidade da verdadeira vida e da real felicidade

70. Ter um plano de vida

Tenho analisado muito uma questão pessoal: é preciso ter um plano de vida. Para quem não sabe aonde quer ir, qualquer caminho serve. E a pessoa se sente cansada. Muitas vezes, sem nem mesmo sair do lugar. É preciso ter vários planos na vida.

Imaginem o comandante de um avião que não tem plano de voo. A dez mil metros de altura, ele anuncia para a tripulação: "Companheiros, não sei bem onde estamos. Também não sei ao certo em que lugar vamos pousar."

Todos ficariam apavorados. Ora, se isso é um absurdo numa viagem, da mesma forma é um absurdo na vida.

Sem planejamento ou projeto o ser humano não sai do lugar; sente apenas mal-estar e mergulha cada dia mais na depressão.

O que você quer para sua vida no período de um ano?

Lembre-se de que isso serve para a questão financeira, profissional, e também para as relações pessoais.

Por exemplo: que relacionamentos são bons para você? Com quem você anda perdendo tempo, sentindo que algo não está valendo a pena?

Se alguma amizade só tem lhe trazido coisas ruins, eu pergunto: é isso que você quer cultivar para colher daqui a um ano?

Quando você olhar para o horizonte, para a frente, veja o

que deve ser cultivado ao longo desse caminho e o que deve ser eliminado.

O que você deseja?

Se é uma vida de paz, harmonia, amor, felicidade, equilíbrio financeiro, um emprego que lhe dê prazer, bons relacionamentos, então comece a repensar suas escolhas de hoje – e as escolhas que irá fazer no decorrer dos próximos doze meses, pelo menos.

Não perca mais tempo com bobagens. Volte o olhar para seus objetivos, seus ideais, seus sonhos.

Olhe para aquilo que realmente vale a pena. Concentre sua atenção nas coisas e nas pessoas que o ajudam a se tornar um ser humano mais completo.

Com certeza você viverá melhor a partir de agora.

CONHEÇA OUTROS TÍTULOS DA EDITORA SEXTANTE

O que realmente importa?

ANDERSON CAVALCANTE

Ao ler o título desse livro, é impossível não fazer uma reflexão sobre a importância de nossas escolhas e vontades. Escolhas, sim! Pois é justamente disto que se trata: nossas escolhas estão ligadas ao que queremos e refletem de forma direta os nossos desejos.

Como temos conduzido nossa vida? Escolhemos o que agrada aos outros ou o que nos faz bem?

Esse livro o ajudará no despertar de sua existência. Você aprenderá a se ouvir, a identificar seus valores, a definir seu propósito e a ter coragem para tomar suas próprias decisões.

Veja além das suas escolhas, busque aquelas que vão completá-lo e não aceite nenhuma que o distancie de você mesmo.

E lembre-se: *você não tem todo o tempo do mundo.*

Você acredita em milagres?

Anderson Cavalcante

Sem nos darmos conta, deparamos dia a dia com situações que nos provocam sensações diversas. Situações singelas, como os primeiros passos de uma criança; gratificantes, como a percepção da plenitude do Universo; e até extremas, como uma nova chance dada a alguém que estava prestes a perder a vida. O tempo todo somos surpreendidos por manifestações da presença divina bem diante de nós.

Muitos as atribuem a uma espécie de mão invisível, outros dizem que são questões a serem respondidas pela ciência, há quem afirme que são obra do acaso. Bem, não sei você, mas eu chamo isso de milagre!

Essa talvez seja a grande questão. O milagre não é apenas uma bênção que cai do céu. Os milagres são cultivados e construídos todos os dias por meio da crença, da atitude e, principalmente, da convicção de que, se fizermos por onde, sempre teremos alguém para iluminar nosso caminho.

Se acordarmos, se acreditarmos, se pararmos para olhar ao redor veremos a imensidão de acontecimentos inspiradores que a vida promove diante dos nossos olhos, embaixo do nosso nariz.

Os milagres acontecem para que prestemos atenção, para que despertemos para as coisas que serão ditas ou mostradas a seguir. Viver já é por si só um milagre. Uma oportunidade que nos é dada todos os dias enquanto merecermos essa bênção. Então, faça por merecer!

As histórias que me ensinaram a viver

JORGE BUCAY

Demián é um jovem cheio de conflitos e questionamentos. Cansado de terapias convencionais, segue a indicação de uma amiga e procura Jorge, um psicólogo com fama de ser pouco ortodoxo. Já na primeira consulta, Demián percebe que aquela parceria terá um grande futuro.

O método terapêutico de Jorge é peculiar: para transmitir seus ensinamentos e fazer o paciente refletir sobre sua vida a partir de uma perspectiva diferente, ele conta histórias clássicas, populares, antigas, modernas, famosas ou inventadas.

A cada consulta, Demián expõe suas angústias e Jorge responde com um conto que mostra ao jovem como lidar com seus sentimentos e abrir a mente para novas maneiras de encarar os problemas.

De maneira engenhosa, Jorge Bucay cria uma obra brilhante por sua simplicidade. Como o livro é ambientado no consultório do fictício terapeuta, o autor nos transforma em pacientes, pois, junto com Demián, temos a chance de aprender valiosas lições por meio de suas histórias.

Com mais de 6 milhões de livros vendidos, Bucay já inspirou pessoas do mundo todo a se conhecer melhor e a buscar a felicidade. Deixe que a terapia de Jorge o inspire também.

CONHEÇA OS CLÁSSICOS DA EDITORA SEXTANTE

1.000 lugares para conhecer antes de morrer, de Patricia Schultz

A História – A Bíblia contada como uma só história do começo ao fim, de The Zondervan Corporation

A última grande lição, de Mitch Albom

Conversando com os espíritos e *Espíritos entre nós*, de James Van Praagh

Desvendando os segredos da linguagem corporal e *Por que os homens fazem sexo e as mulheres fazem amor?*, de Allan e Barbara Pease

Enquanto o amor não vem, de Iyanla Vanzant

Faça o que tem de ser feito, de Bob Nelson

Fora de série – Outliers, de Malcolm Gladwell

Jesus, o maior psicólogo que já existiu, de Mark W. Baker

Mantenha o seu cérebro vivo, de Laurence Katz e Manning Rubin

Mil dias em Veneza, de Marlena de Blasi

Muitas vidas, muitos mestres, de Brian Weiss

Não tenha medo de ser chefe, de Bruce Tulgan

Nunca desista de seus sonhos e *Pais brilhantes, professores fascinantes*, de Augusto Cury

O monge e o executivo, de James C. Hunter

O poder do Agora, de Eckhart Tolle

O que toda mulher inteligente deve saber, de Steven Carter e Julia Sokol

Os segredos da mente milionária, de T. Harv Eker

Por que os homens amam as mulheres poderosas?, de Sherry Argov

Salomão, o homem mais rico que já existiu, de Steven K. Scott

Transformando suor em ouro, de Bernardinho

INFORMAÇÕES SOBRE OS
PRÓXIMOS LANÇAMENTOS

Para saber mais sobre os títulos e autores da EDITORA SEXTANTE, visite o site www.sextante.com.br ou siga @sextante no Twitter. Além de informações sobre os próximos lançamentos, você terá acesso a conteúdos exclusivos e poderá participar de promoções e sorteios.

Se quiser receber informações por e-mail, basta cadastrar-se diretamente no nosso site.

Para enviar seus comentários sobre este livro, escreva para atendimento@esextante.com.br ou mande uma mensagem para @sextante no Twitter.

EDITORA SEXTANTE
Rua Voluntários da Pátria, 45 / 1.404 – Botafogo
Rio de Janeiro – RJ – 22270-000 – Brasil
Telefone: (21) 2538-4100 – Fax: (21) 2286-9244
E-mail: atendimento@esextante.com.br